일본을 읽는 책
근대 일본 사회와 문화
Society and Culture of Modern Japan

일본을 읽는 책

근대 일본 사회와 문화
Society and Culture of Modern Japan

글 · 사진 : 김 성 도

초판인쇄 : 2008년 11월 20일
초판발행 : 2008년 11월 24일

펴 낸 곳 : 도서출판 고려
펴 낸 이 : 권 대 훈
출판등록 : 1994년 8월 1일(제 2-1794호)
주　　소 : 서울시 중구 인현동2가 192-30
　　　　　신성상가 310호
전　　화 : 02-2277-1424
팩　　스 : 02-2277-1947
E - m a i l : koprint@hanmail.net
I S B N : 978-89-87936-22-2-03910

※ 잘못된 책은 바꾸어 드립니다.
※ 값은 뒷표지에 있습니다.
※ 이 책의 저작권은 저자에게 있습니다. 서면에 의한 저자와 출판사의
　 허락없이 내용의 일부를 인용하거나 발췌하는 것을 금합니다.

국립중앙도서관 출판예정도서표준목록(CIP)은 94쪽에 있습니다.

일본을 읽는 책

근대 일본 사회와 문화
Society and Culture of Modern Japan

머리말

　근대 사회의 성립 시기와 이에 대한 기준은 나라마다 처한 시대적 배경과 사회 문화 등 각 분야의 환경적 요인에 따라 차이가 있다.

　유럽에서는 국왕을 정점으로 한 봉건적 지배층으로부터 시민계급으로 국가 권력이 옮겨간 프랑스혁명(1789년)을 통해 근대 사회가 성립된 것으로 보는데 이론의 여지가 없으며, 또한 기존의 수공업으로부터 대량 기계 생산을 통해 자본주의를 태동시킨 18세기 중엽 영국의 산업혁명도 근대 사회 성립의 중요한 요인으로 들고 있다.

　한편, 일본에서는 쇄국 정책으로 일관하던 에도 정부가 19세기 중반 미국의 통상 압력을 받아 강제 개항하면서 근대 시기를 맞이하였다. 하지만 에도 정부를 무너뜨린 왕정복고 추진 세력이 1868년 메이지 정부를 수립함으로써 국왕을 정점에 둔 지배층에게로 국가 권력이 옮겨감에 따라, 서구적 관점에서의 근대화에 역행하는 근대 사회를 맞게 된 것을 볼 수 있다.

　이 책은 이러한 일본의 근대 시기인 19세기 에도 시대 말기와 메이지 시대의 사회와 문화에 대하여 다루었다.

　필자는 19세기 근대기를 전후한 시기의 우리나라 전통 건축에 대한 연구 성과를 바탕으로 그 범위를 일본으로 넓혀 같은 시기의 일본 전통 건축을 연구하여 왔다. 그 과정에서, 건축의 배경이 되는 19세기 당시 일본의 사회와 문화 등에 관련된 인문학 분야의 학술 연구 성과가 국내 학계에서 거의 이루어지지 않았기에, 건축 분석에 앞서 상당히 오랜 시간을 그 인문학적 연구에 할애하여야 했다.

　이 책은 그 결과물로서 필자가 한국과학재단의 지원을 받아 2년간 니혼대학교(Nihon Univ.)에서 근대 시기를 중심으로 수행한 연구 성과에 근거하고 있다.

　'일본을 읽는 책' 시리즈로 《현대 일본 경제와 사회》에 이어, 두 번째 편인 이 책이 일본을 올바르게 이해하는데 다소라도 도움이 된다면 필자로서는 더 이상 바랄 바가 없겠다.

　끝으로 이 책이 나올 수 있도록 아낌없이 격려해 주신 문화재청의 여러 분들께 거듭 감사 드리며, 언제나 든든한 동반자로서 조언과 더불어 온갖 어려움을 대신해 준 아내에게 이 자리를 빌려 고마움을 전한다.

2008년 9월 22일　쓴사람 김 성 도

일본을 읽는 책
근대 일본 사회와 문화
Society and Culture of Modern Japan

카마쿠라(鎌倉)의 쯔루가오카하찌만구우(鶴ケ岡八幡宮) 진쟈 전경(神奈川縣 鎌倉市 雪の下 2, 촬영일자 : 2004. 6. 19)

※ 일본에서는 1872년에 태양력을 채용하여, 이 해 12월 3일(양력 1873년 1월 1일)을 기준 시점으로 하여 그 전까지는 음력으로, 이후부터는 양력으로 기록하고 있다. 따라서 이 책에서는 1872년까지의 연대 기록의 경우 일본측 자료 그대로 음력으로 표기하였고, 필요 시 괄호 안에 양력을 병기하였다.

Contents

머리말 5

제1장 에도 시대(17세기~19세기 중반) 정부와 손잡고 민중을 지배한 일본 불교 9
에도 시대 민중 불교의 모습 28

제2장 19세기 일본 사회의 전개 37
2-1. 에도 정부 말기의 사회 혼란과 강제 개항 속에 진행된 서구 열강의 일본 진출 39
2-2. 반정부세력의 성장 48
  코쿠가쿠샤(國學者) 51
2-3. 에도 정부의 몰락과 메이지 정부의 성립 54
  메이지 정부의 집권 강화를 위한 선동 홍보 전술 62

제3장 신도 국가를 꿈꾼 메이지 정부 67
3-1. 메이지 정부의 신도 국교화 정책 69
  일본 국왕의 진쟈 봉안 71
3-2. 메이지 정부의 불교 말살 정책 73
3-3. 메이지 정부의 기독교 금지 정책 77
3-4. 기독교 유입을 막기 위한 메이지 정부의 종교 정책 79
3-5. 신도 아래에 놓인 메이지 시대 불교 80

맺음말 86

참고문헌 87

찾아보기 89

근대 일본 사회와 문화
Society and Culture of Modern Japan

일본 불교계는 에도 시대에 이르러 민중을 관리하는 세속적 지배 기관이 되어 메이지 정부 수립(1868년) 전까지 정치·경제적 특권을 향유하면서, 신도(神道)의 여러 카미(神)까지 권청하여 수익 극대화를 지나치게 추구한 결과, 종교적 도덕성과 고등 종교로서의 우위적 가치를 상실하였고, 나아가 지배층의 배불(排佛) 의식과 민중의 반감을 불러 일으켰다. 그리고 이는 에도 정부를 무너뜨리고 등장한 메이지 왕정 시대를 맞아 시행된 불교 말살 정책(廢佛毀釋)을 초래한 원인이 되었다.

제 1 장

에도 시대(17세기~19세기 중반) 정부와 손잡고 민중을 지배한 일본 불교

| 사진설명 |

칸에이지(寬永寺) 혼도오(本堂, 東京都 臺東區 上野櫻木 1-14-11, 촬영일자 : 2003. 9. 28) - 현 우에노공원에 위치했던 칸에이지는 1868년 에도군 彰義隊가 주둔했던 사찰로서 메이지군과의 전투로 인해 혼도오(根本中堂)를 포함하여 불전 대부분이 불타 현재 위치로 옮긴 후, 1879년 사이타마켄(埼玉縣) 카와고에(川越)에 있는 사찰 키타인(喜多院)의 本地堂을 이축하여 혼도오로 삼음

제1장

에도 시대(17세기~19세기 중반) 정부와 손잡고 민중을 지배한 일본 불교

    일본의 불교는 우리나라에서 건너가 처음 시작되었다. 그래서 백제 성왕이 왜에 불교를 전했던 538년 12월을 일본에서는 불교가 최초로 전래된 공식적인 시기로 삼고 있다[1]. 당시 백제에서는 승려와 경론 이외에 불상과 불화, 그리고 불교 건축물을 만들 수 있도록 지속적으로 기술자를 보내어 왜에 불교 문화 자체를 전하였으며[2], 고구려와 신라도 그러하였다.

    이렇게 시작된 일본 불교는 고등 종교이자 고급 문화로서 일본 왕실의 적극적인 지원을 받아, 불교 도입 이전에 존재하여 왔던 일본 전통 종교인 신기 신앙(神祇信仰), 즉 신도(神道)를 지배하며 발전하였다. 그 결과 일본 불교계는 16세기 중기까지 승병을 거느리며 종교적, 정치적으로 막강한 세력을 형성하였다.

---

1) 事典シリーズ 日本佛教總覽 「中尾堯, 古代の佛敎」, 新人物往來社, 1995, p.16 참조
2) 고대 국가 시대에 백제에서는 577년에 經論과 함께 僧尼, 造佛工, 造寺工 등을, 588년에 佛舍利, 寺工, 鑪盤博士, 瓦博士, 畵工 등을 왜에 보내어 불교 문화 일체를 전하였던 것을 일본 측 기록에서 볼 수 있다. 당시 왜에 건너가 시텐노오지(四天王寺) 건립을 담당했던 백제인들 가운데 金剛重光을 위시한 3인의 건축 기술자가 578년 설립했던 콘고오구미(金剛組)는 오늘날 세계에서 현존하는 가장 오래된 건설 회사로서 일본 내에서 뿐 아니라 국제적으로도 인정받고 있는데, 윌리엄(William T. O'Hara) 박사가 쓴 「Centuries of Success」에서 이를 확인할 수 있다.

그러나 오다노부나가(織田信長)[3]가 등장한 이래로 강력한 군사 정권과의 대결에서 패하면서부터 불교계는 무장 해제와 함께 종교적 독립성까지 거의 박탈당하는 처지가 되었다. 이러한 상황에서 토쿠가와이에야스(德川家康)가 집권하여 에도(江戶) 시대[4]가 시작되면서 이후 일본 불교계는 새로운 국면을 맞게 되었다.

에도 정부[5]는 불교계를 효과적으로 지배하면서, 당시 민중 속에 퍼져나가던 기독교 유입을 방지하고, 민중을 적절히 통제할 수단으로서 불교계를 활용하는 종교 정책을 추진하였다.

우선 각 종파별로 상위 사찰(本寺)[6]이 하위의 소속 사찰(末寺)에 대해 통제력을 강화할 수 있도록 본사(本寺)와 말사(末寺) 간 관계를 규정한 혼마쯔[7](本末) 제도를 확립하였다. 불교계를 중앙집권적 조직 체계로 만들어[8], 각 종파의 상위 사찰을 관리하면 자연히 그 하위에 속한 사찰 모

---

3) 일본 전국 시대(1467년부터 1568년에 이르기까지 군웅할거의 동란기)에 다이묘오(大名 1534~1582)의 한 명으로서 통일 정권 수립에 뜻을 두었으나 이루지 못함. 1562년 미카와(三河)의 토쿠가와이에야스(德川家康)와 동맹을 맺고서 오와리(尾張)국 전체를 통일한 후, 1567년에 사이토오(齋藤)씨 가문을 멸망시키고 미노(美濃 : 지금의 기후켄岐阜縣 남부)를 차지하였으며, 1568년 교토에 들어가 아시카가요시아키(足利義昭)를 최고 통치자인 쇼오군(將軍)으로 추대하였다. 그러나 아시카가요시아키 측에서 세력 확대를 경계하여 자신을 제거하고자 하였으므로, 이에 대항하여 1571년에 히에이잔(比叡山 : 天台宗 총본산 延曆寺가 있는 교토시 북동쪽 산으로 京都府와 滋賀縣에 걸쳐 있음)을 불태웠고, 1573년에 아자이(淺井)·아사쿠라(朝倉)씨 가문을 격파한 후, 아시카가요시아키를 추방하고 무로마찌바쿠후(室町幕府)를 무너뜨렸다. 1575년에는 타케다(武田)씨 가문을 미카와(三河) 나가시노(長篠)에서 격파하였다. 1576년 아즈찌(安土)에 성을 쌓고 통일 정권 수립에 적극 나서서, 1580년 이시야마혼간지(石山本願寺)를 공격하여 畿內(교토에 가까운 다섯 지방인 야마시로山城·야마토大和·카와찌河內·이즈미和泉·셋쯔攝津의 총칭) 일원을 수중에 넣었으며, 1582년 카이(甲斐 : 옛 지방의 이름으로 지금의 야마나시켄山梨縣)의 타케다(武田)씨 가문을 멸하였다. 그러나 이 해에 토요토미히데요시(豊臣秀吉)를 구원하러 츄우고쿠(中國 : 本州 서부. 岡山·廣島·山口·島根·鳥取의 5縣이 점하는 지역)의 전쟁터로 가는 도중 교토 혼노오지(本能寺)에서 자신의 가신인 아케찌미쯔히데(明智光秀)의 급습을 받고서 자결하였다.
4) 토쿠가와이에야스(德川家康)의 집권으로 시작된 에도(江戶)를 본거지로 한 무인 정권 시대. 1603년에 토쿠가와이에야스가 세이이(征夷)大將軍에 임명된 이래 왕정복고 세력과의 전쟁에서 패하여 붕괴될 때까지 15대에 걸쳐 계속되었다.
5) 토쿠가와(德川)씨 가문이 집권했던 무인 정권인 에도바쿠후(江戶幕府) 정권은 일본 내 각 지역에서 할거하던 다이묘(大名)들을 통합하여 지배하면서 절대 권력을 갖고 정치를 행하였는데, 이하 에도 정부로 서술한다.
6) 末寺를 지배한 상위 사찰에는 本寺와 本山이 있으나, 여기서는 간단히 本寺로 서술하도록 한다.
7) 이 글에서 일본어 표기는 "Table of the C.K. System for Japanese"를 원칙으로 하였다.
8) 당시 사찰을 서열화하는 과정에서 상하 관계가 불명확한 많은 사찰들도 예외 없이 서열을 정하여야 했으므로 많은 분쟁이 발생하였는데, 일단 서열이 정해지면 이를 바꿀 수 없었다. 또한 본사(本寺)와 말사(末寺) 사이의 소송이나 주지와 지위가 낮은 승려 간에 분쟁이 일어난 경우에는 극단적인 사례를 제외하고 그 잘못이 어느 쪽에 있든지 항명으로 간주하여 말사(末寺)와 지위가 낮은 승려를 처벌하였다. 雲藤義道, 明治の佛敎-近代佛敎史序說, 現代佛敎叢書, 1956, p.10~11 및 圭室諦成 監修, 日本佛敎史 Ⅲ 近世·近代篇, 法藏館, 1977, p.48~49 참조

두가 관리되도록 함으로써, 에도 정부가 불교계를 효과적으로 관리·감독할 수 있게 하였다[9].

뒤이어 단카(檀家) 제도[10]와 테라우케(寺請) 제도[11]를 확립하여, 모든 민중이 불교 신도(信徒), 즉 단카가 되어 예외 없이 인근 사찰에 소속되도록 하였고, 사찰 측에서 이들을 관리하도록 함으로써 기독교가 유입될 수 없게 하였다. 또 소속 사찰에서 발급한 증명서인 테라우케쇼오몬(寺請證文)[12]을 지니지 않은 민중에 대해서는 이주, 고용, 여행 등 사회 활동을 할 수 없게 함으로써, 민중을 철저히 통제할 수 있도록 하였다[13].

---

9) 에도 정부는 1635년 11월 중앙(幕府)과 각 지방(藩)에 종교 행정을 담당하는 지샤부교오(寺社奉行)를 설치한 후, 이 지샤부교오를 통해서 하달된 명령을 각 사찰에 전달하도록 후레가시라(觸頭)를 설치하였다. 에도 정부의 명령을 직접 수령하는 후레가시라는 각 종파별로 에도에 있는 유력 사찰이 맡았는데, 曹洞宗·臨濟宗은 僧錄, 眞宗은 錄所(輪番), 淨土宗은 役者라고 하였으며, 소속 사찰에 불법 행위가 있는 경우 이를 처벌하는 사법권을 갖고 있었다. 圭室諦成, 앞의 책, p.50~51

10) 寺檀制度로도 일컫는데, 이는 모든 민중이 예외 없이 에도 정부가 공인한 종파의 사찰 중 한 곳에 소속하도록 한 제도이다. 에도 시대 초기에는 자신이 원하는 종파의 사찰을 선택할 자유가 인정되어, 일가를 이룬 가족 간에도 소속 사찰이 다른 경우가 나타나고 있다. 그러나 1722년과 1729년에 민중 통제 강화 정책으로서 조상 대대로의 소속 사찰인 단나데라(檀那寺)를 바꾸는 것을 금지하는 영(令)이 발포되어, 일가 구성원은 모두 사찰 한 곳에만 소속하여 이를 바꿀 수 없게 되었으며, 이에 따라 한 종파만을 갖게 되었다. 이와 관련하여 앞의 책, p.53~55 참조

11) 이 제도는 에도 시대 당시 민중을 대상으로 하여, 그가 기독교도가 아니고 특정 사찰에 속한 불교도(檀家)라는 것을 소속 사찰인 단나데라(檀那寺)에서 증명하도록 한 것이다. 에도 정부는 이 제도에 따라 슈우시닌베쯔아라타메쵸오(宗旨人別改帳)를 반드시 제출하게 하였는데, 이는 모든 민중으로 하여금 한 집마다 사람별로 나이, 종파를 적도록 하여 일가의 주인이 날인하고, 쿠미가시라(組頭 : 에도 시대 마을의 최고 유력자인 나누시(名主)를 보좌하여 조세 등 마을 사무를 처리한 유력 농민)가 여기에 함께 서명하며 이를 사찰 주지가 증명한 후에, 마을마다 남녀의 통계, 생사 등을 기록한 것으로서, 일반적으로 슈우몬아라타메쵸오(宗門改帳)라고 한다. 앞의 책, p.52 및 雲藤義道, 앞의 책, p.9 참조

12) 당시 이는 신앙만을 증명하는 것이 아니었다. 혼인, 여행, 이주나 기술자와 하인의 고용 등 호적상의 변동에는 모두 이 증명서가 있어야 했다. 이 정책으로 불교계는 에도 정부의 호적 행정에 관여하며, 관료적 지위를 부여받음으로써 세속적 권력을 공고히 했다. 이와 관련하여 雲藤義道, 앞의 책, p.9~10 참조

13) 이에 관련된 일련의 진행 과정을 정리하면, 1601~16년에 에도 정부는 혼마쯔(本末) 제도 편성을 위해 「寺院本山法度」를 발포하였고, 1631년에 「新地建立禁止令」을 내려 새로운 사찰 건립을 금지시킨 후, 1632~33년에 本末帳을 제출하도록 하여 불교계를 각 종파별로 본사와 말사의 관계로 계층화하는 제도를 강행하였다. 곧이어 1635년에는 지샤부교오(寺社奉行 : 에도 정부 내 종교 담당 직책)를 중앙 정부(幕府)와 각 지방 정부(藩)에 두고, 그 하부 기관인 후레가시라(觸頭)를 설치하여, 불교계를 중앙 정부 통제 안에 두는 정책을 확립하였다. 뒤이어 1640년에 슈우몬아라타메야쿠(宗門改役)를 설치하여 기독교 금지 제도를 시행한 후, 1671년에 슈우몬아라타메쵸오(宗門改帳)를 제출하도록 명하여 단카 제도를 확립하였고, 이후 이를 강화하여 일가인 경우 하나의 종파, 하나의 사찰에 모두 속하도록 하고 소속한 사찰을 바꿀 수 없게 금지령을 내렸다.

그리고 이에 대한 대가로서 불교계에는 소속 신도인 단카(檀家)들로부터 상납금(檀家役)을 징수할 특권과 이들의 장례식을 집행할 독점적인 권한을 부여하였다[14].

그 결과, 각 마을에 자리 잡은 말사에서는 단카(檀家) 제도와 테라우케쇼오몬(寺請證文) 제도를 통해 민중을 관리하고, 본사에서는 이러한 말사를 관리하며, 에도 정부는 본사를 관리함으로써 불교계와 민중 모두를 통제할 수 있는, 세계사에 유례가 없는 종교를 활용한 통치 체제가 에도 시대에 확립되었다.

에도 정부는 나아가 불교학의 연구 내용에도 관여하여 경전의 부분적인 문자나 어구의 의미만을 연구하는 쿤코(訓詁)와 스승이 제자에게 법과 학문을 전하는 소오쇼오(相承)에 대해서만 그 연구를 허용하고, 이를 벗어난 연구를 금지함으로써 학문 연구까지 통제하였다[15].

불교계는 에도 정부의 종교 정책을 받아들여 종교로서의 독립성을 상실한 대신, 세속적 지위와 경제적 기반을 보장받으며 무인 정권의 틀 속에 편입되어 계층화된 서열 조직을 이루고 민중을 통제하는 세속적 권력 기관이 되었다. 사찰은 마을 깊숙이 자리잡게 되었고, 나아가 사찰 밀집 지역인 테라마찌(寺町)[16]가 형성되어 번창하였다(그림 1~2 및 사진 1~2 참조). 그리고 단카[17]의 묘역이 사찰 경내에 구성되었다(사진 3 참조). 또 에도와 인근 지역의 말사에서는 단카의 장례식 등 종교 의식을 집행하고, 정부 인사와 본사 승려 등을 접대할 수 있게 종교와 접객 기능을 함께 갖춘 대규모 주불전인 호오죠오카타혼도오(方丈型本堂)가 등장하였다(사진 4~10 및 그림 3 참조)[18].

---

14) 김성도·片桐正夫, 19세기 일본 불교 건축의 특성 연구 – 수도권 일원 사찰의 불전 건축 의장을 중심으로, 대한건축학회논문집(계획계), 22권 7호, 2006.7., p.165
15) 이로 인해 당시 불교 승려들은 자신이 속한 종파의 교의에 관한 학문을 번잡하게 논의하거나 다른 종파와 논쟁하는데 몰두하게 되었으며, 이는 민심 이반을 초래하여 배불사상(排佛思想)을 양성하는 한 원인이 되었다고 운도오기도오(雲藤義道)는 그의 글(앞의 책, p.14)에서 밝히고 있다.
16) 테라마찌는 京都의 왕궁(京都御所) 인근에서도 볼 수 있는데, 왕궁 동쪽 아래편에 남북으로 가로지르는 테라마찌도오리(寺町通り)가 현재에도 그대로 남아서 많은 사찰이 들어서 있는 것을 볼 수 있다. 한편 에도(江戶)에서는 1612년에 배가 드나들도록 수로 건설과 함께, 에도성 동쪽으로 시가지 계획을 하면서 칸다키타데라마찌(神田北寺町)의 야노쿠라(谷藏)와 핫쵸오보리(八町堀) 방면에 사찰 터를 주어 테라마찌를 구성하였다. 이후 1636년에 에도성 건설 공사를 시작하면서 성곽 규모와 시가지 배치를 결정하였는데, 이를 위해 이곳에 위치해 있던 사찰들을 사전에 옮겨 테라마찌를 구성한 것을 볼 수 있다. 中央區史 上卷, 東京都中央區役所, 昭和33年, p.1110~1116
17) 에도 시대의 단카는 단순한 불교 신도가 아니며, 기독교 유입이 불가능하게끔 종교적 측면에서의 통제는 물론이고, 여행·이주·고용 등 일반적인 생활까지도 모두 통제 받았던 불교 신도로서, 소속 사찰을 바꾸는 것조차도 불가능하였던 바, 이러한 일본만의 독특한 상황을 고려하여 이 글에서는 단카로 표기하도록 한다.

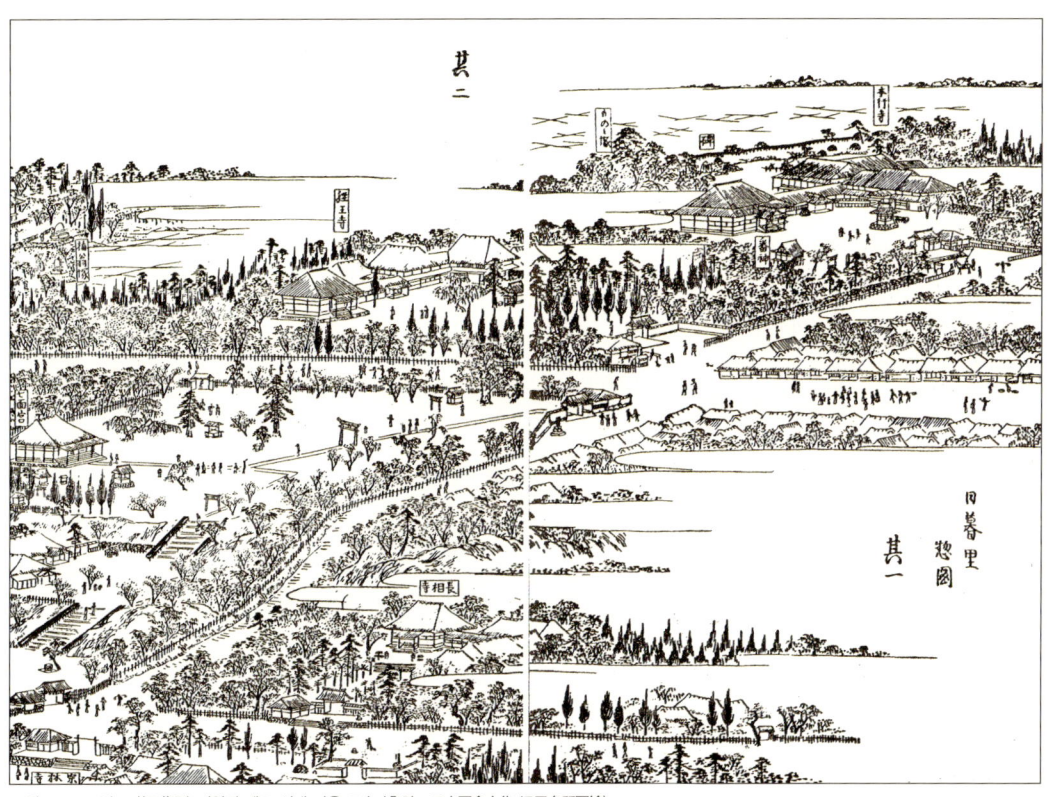

그림 1 도쿄 닛포리(日暮里) 지역의 에도 시대 마을 모습 (출처 : 日本圖會全集 江戶名所圖繪)

18) 에도 근교에 건립된 호오죠오카타혼도오(方丈型本堂)는 시대 상황을 반영하여 말사에서만 나타난다. 중소 규모의 말사에서 대가족을 수용하여 불단을 바라보며 장례 의식을 집행할 수 있는 종교 공간과 죠오단노마(上段ノ間)와 같은 접객 공간의 두 이질적 요소를 한 건물 내에 복합 구성하여 대규모 불전을 이루고 있다. 텐네이지(天寧寺)·안라쿠지(安樂寺)·다이히간지(大悲院寺)와 같은 중규모 말사의 경우 접객 공간인 죠오단노마(上段ノ間)·게단노마(下段ノ間)에 토코노마(床の間 : 접객 공간 등에서 벽면에 구성한 장식용 벽감)나 쯔케쇼인(付書院 : 토코노마 옆에 구성된 일종의 내민창)을 구성하는 이외에 후원을 만들어 접객 기능을 극대화하였다. 도쿄 내에 현존하는 方丈型本堂은 曹洞宗 7곳, 臨濟宗 6곳, 眞言宗 4곳, 日蓮宗과 時宗 각각 1곳에서 나타나고 있는데, 제이 차 세계 대전 당시 도쿄 대공습에 따른 피해를 고려할 때, 비교적 다양한 종파에서 건립된 것을 엿볼 수 있다. 또한 1672년 건립된 카이코오인(開光院) 方丈型本堂이 가장 이른 예인 것을 통해, 에도가 안정기에 접어들면서 당시의 사회적 요구에 부응하여 성립된 것을 알 수 있다. 이와 관련해서는 金成都·片桐正夫, 江戶近郊における 新たな佛堂形式の成立に關する一考察 – 17c 方丈型本堂の成立背景, 2004年大會 學術講演梗概集 建築歷史·意匠, 日本建築學會, 2004.7., p.197~198 참조

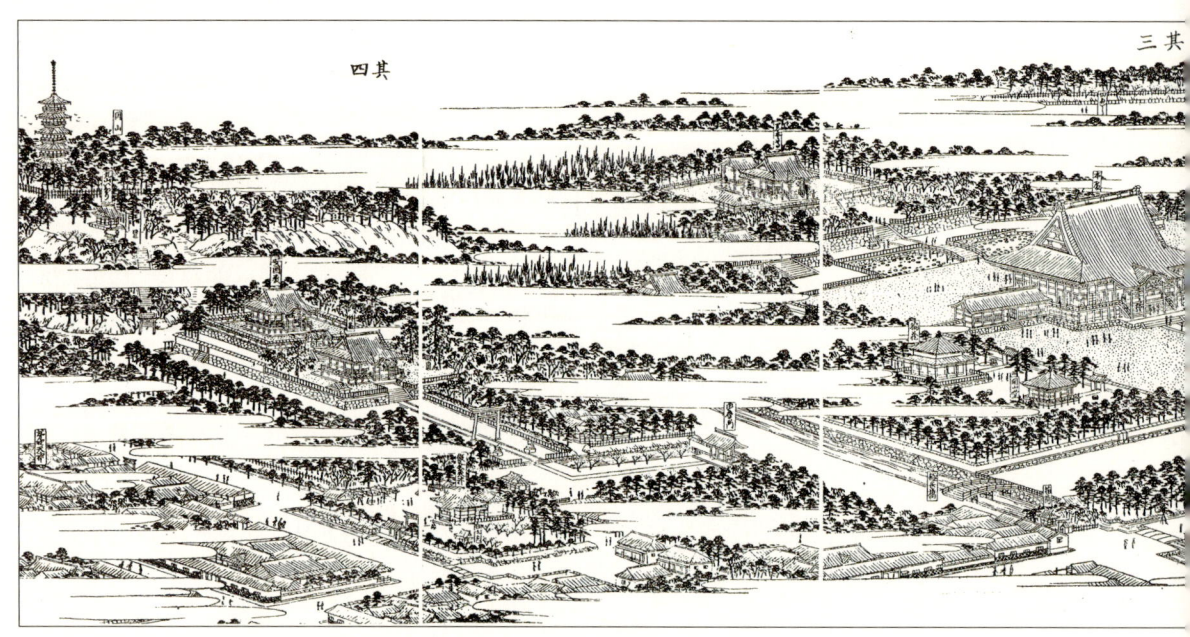

그림 2 도쿄 소재 사찰 조오죠오지(增上寺)의 에도 시대 모습 (출처 : 日本圖會全集 江戶名所圖繪)

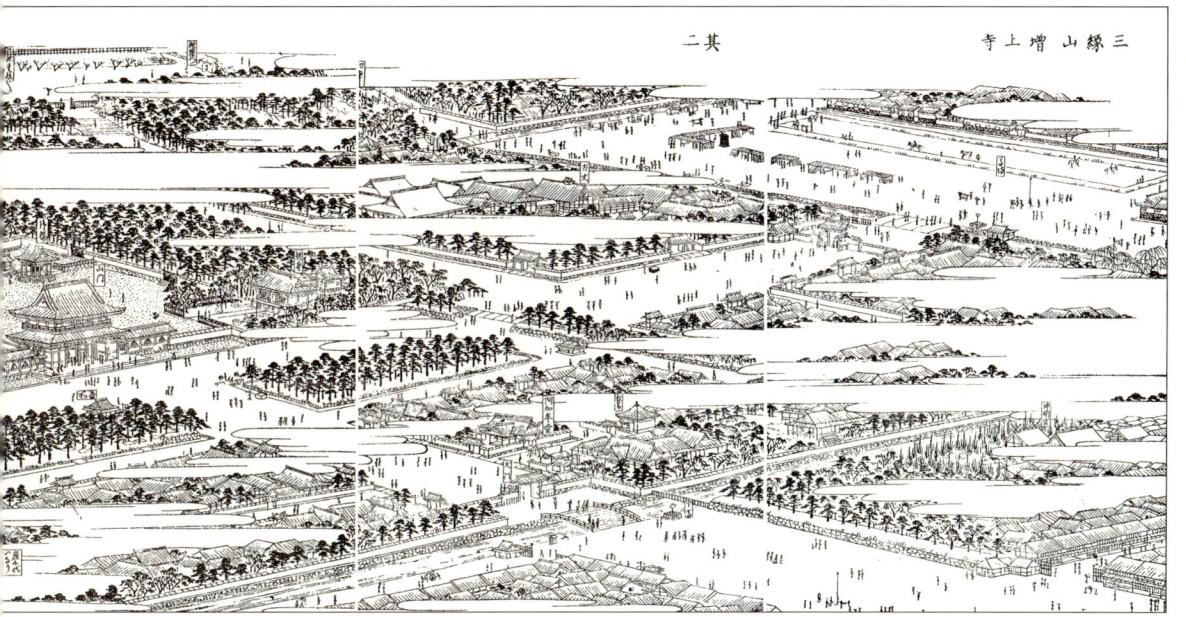

| 그림설명 |

에도 시대에 불교계는 정부의 종교 정책을 받아 들여 종교로서의 독립성을 상실한 대신, 세속적 지위와 경제적 기반을 보장받으며 무인 정권의 틀 속에 편입되어 계층화된 서열 조직을 이루고 민중을 통제하는 세속적 권력 기관이 됨으로써, 사찰은 마을 깊숙이 자리잡게 되었고, 나아가 사찰 밀집 지역인 테라마찌(寺町)가 형성되어 번창하였는데 그림 1과 2에서 이러한 사찰의 모습을 살펴볼 수 있다.

사진 1 조오죠오지(增上寺) 三解脫門(1622년 건립) 전면 모습 (東京都 港區 芝公園 4-7-35, 촬영일자 : 2003. 6. 14)

사진 2 교토 왕궁(京都御所) 동측의 테라마찌도오리(寺町通)에 있는 사찰 죠오신지(淨心寺) (촬영일자 : 2003. 2. 24)

사진 3 교토 테라마찌도오리에 있는 사찰 혼노오지(本能寺) 내 단카 묘역 입구. 오다노부나가가 죽음을 맞아야 했던 혼노오지의 원래 위치는 현재 자리에서 남서쪽으로 약 600m 떨어진 곳(京都市 中央區 油小路通 蛸藥師 山田町)이었으나, 토요토미히데요시에 의해 현재 위치로 이전됨 (촬영일자 : 2003. 2. 24)

사진 4 도쿄 소재 사찰 코오안지(高安寺)의 方丈型本堂(1803년 건립) 전면 전경
       (東京都 府中市 片町 2-4-1, 촬영일자 : 2003. 12. 29)

사진 5 코오안지(高安寺) 方丈型本堂 내부의 오늘날 장례 의식 모습 (東京都 府中市 片町 2-4-1, 촬영일자 : 2003. 12. 29)

사진 6 도쿄 소재 사찰 카이코오인(開光院)의 方丈型本堂(1672년 건립) 전면 전경
  (東京都 西多摩郡 五日市町 五日市 691, 촬영일자 : 2003. 9. 15)

사진 7 카이코오인(開光院) 方丈型本堂 내부 접객공간인 죠오단노마의 토코노마 모습
(東京都 西多摩郡 五日市町 五日市 691, 촬영일자 : 2003. 9. 15)

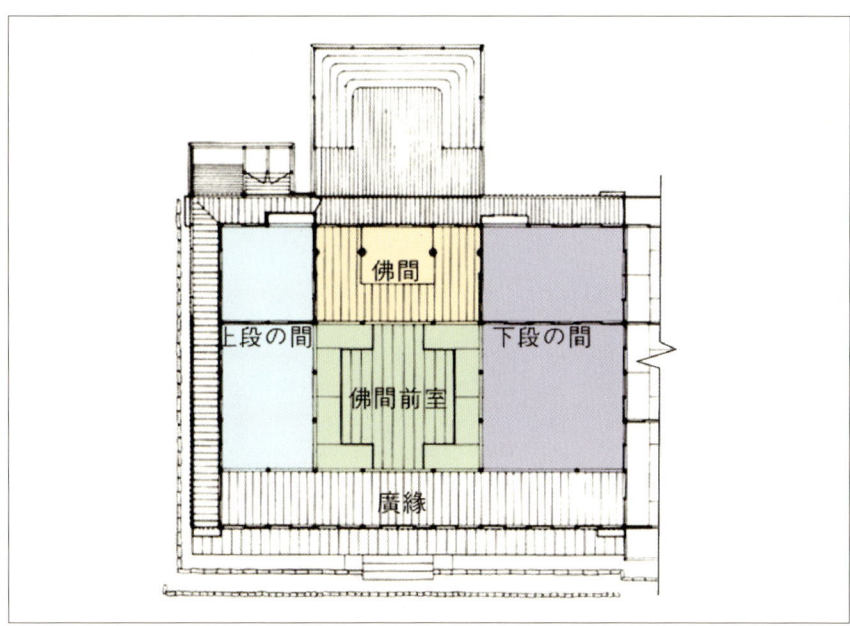

그림 3 카이코오인(開光院) 方丈型本堂 평면

사진 8 도쿄 소재 사찰 텐네이지(天寧寺)의 方丈型本堂(1713년 건립) 전면 전경
(東京都 靑梅市 根ケ布 1-454, 촬영일자 : 2003. 7. 27)

사진 9 텐네이지(天寧寺) 方丈型本堂 내부 불단 전면 모습 (東京都 靑梅市 根ケ布 1-454, 촬영일자 : 2003. 7. 27)

사진 10 텐네이지(天寧寺) 方丈型本堂 내부 접객공간의 쯔케쇼인 모습 (東京都 靑梅市 根ケ布 1-454, 촬영일자 : 2003. 7. 27)

    이러한 시대 상황 속에서 모든 민중은 자신이 속한 사찰에 신도의 의무로서 상납금(檀家役)을 납부하여야 했다. 또한 이들이 속한 말사(末寺)에서는 그 의무로서 본사(本寺)에 상납금(末寺役)을 납부해야 했는데, 경제적 부담이 상당했던 이들 비용을 대개 신도의 상납금으로 충당하였으므로, 결국 민중은 이러한 부담까지도 모두 떠맡아야 했다[19].

    한편 에도 정부는 민중 통제를 보다 강화할 목적으로 1722년과 1729년에 민중이 소속 사찰을 바꾸는 것을 금지(離檀禁止)하는 영을 내렸고, 1788년에 한 집에서는 모두 한 종파와 소속 사찰(檀那寺)[20] 한 곳만을 갖도록 명하였다[21].

---

19) 본사(本寺)에 상납금(末寺役) 납부 의무를 진 말사(末寺)는, 이 비용 대부분을 단카(檀家)의 상납금(檀家役)으로 충당하였다. 이러한 경제적 연결 고리로 인해, 이후 말사에서는 단카가 납부하는 상납액이 부족했을 때, 단카에게 테라우케(寺請)와 인도오(引導 : 죽은 자를 극락으로 인도하기 위해 장례 의식 때 승려가 관 앞에 서서 법어를 설하는 것)를 거부하는 강압적 수단을 사용하기에 이르렀다. 歷史學硏究會·日本史硏究會編著, 講座日本歷史 5 近世 Ⅰ, 東京大學出版會, 1989, p.84

20) 단나데라라고 한다.

21) 圭室諦成, 앞의 책, p.55 참조

이런 가운데 제도권에 편입되어 민중과 단카 관계로 맺어진 사찰에서는 이들의 상납금과 장례식비, 묘지 관리비 등 확실한 주요 수입원을 바탕으로 경제적 기반을 다진 위에서, 부수적인 수입을 얻기 위해 당시 민간에 인기가 있던 다양한 종류의 불·보살과 전통 종교인 신도(神道)의 카미(神)를 사찰 경내에 권청(勸請)하는 데도 진력하였다(그림 4 참조). 그러나 신흥 사찰처럼 단카 관계를 갖지 못한 사찰에서는 민중 신앙에 의지하여 벌어들이는 수입에만 기대어야 하는 상황이 되었으므로, 민중에게 인기가 높은 주술적인 현세 이익 신앙이 매우 성행하였다[22].

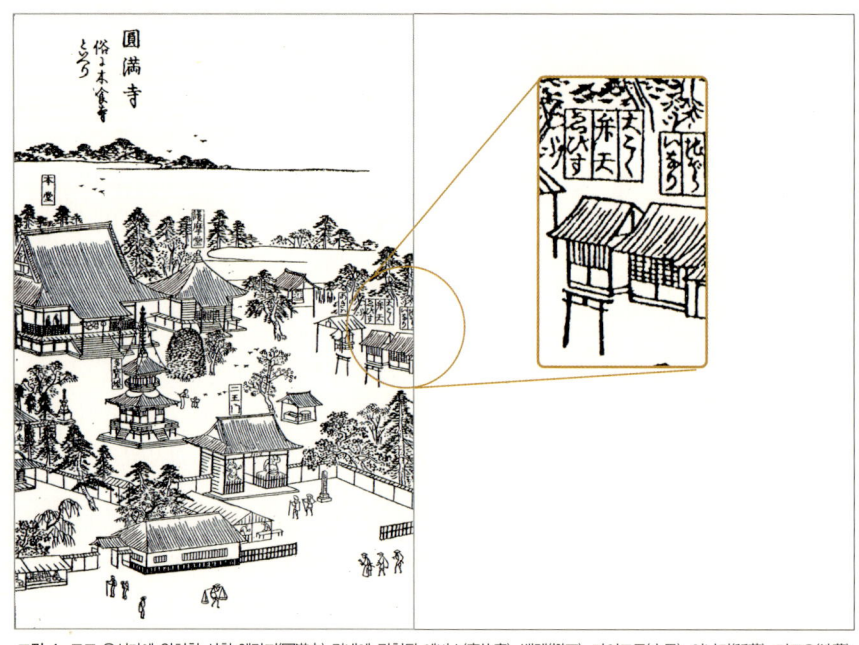

그림 4 도쿄 유시마에 위치한 사찰 엔만지(圓滿寺) 경내에 권청된 에비스(惠比壽), 벤텐(辯天), 다이코쿠(大黑), 이나리(稻荷), 지조오(地藏)

---

22) 『御府內備考』의 속편인 「寺社部」의 편집 자료가 되었던 「寺社書上」은 1825년부터 1830년에 걸쳐 에도에 있는 각 사원에 대하여 그 실태를 조목조목 상세히 다 써서 제출하도록 하여 작성된 사료이다. 이를 보면 현세 이익을 표방한 다양한 불교의 불·보살과 신도(神道)의 카미(神)가 각 종파별로 특징을 갖고 경내에 권청되고 있는데, 공통적으로 아미타·관음·지장·약사·엔마(閻魔 : 염라대왕)·다이니찌(大日 : 大日如來의 줄임말)·후도오(不動 : 不動明王의 줄임말)·벤텐(辯天 : 辯才天의 줄임말. 재물 복을 주관하는 여신)·다이코쿠(大黑 : 大黑天의 줄임말. 밀교에서는 自在天의 화신으로 불교의 수호신. 전쟁의 신, 분노의 신으로 나중에 부엌의 신이 됨)·이나리(稻荷 : 농업신으로서, 헤이안 시대 이후 招福除災, 財福의 신이 됨)·아키바(秋葉 : 화재를 막는 신) 등이 많은 것을 볼 수 있다. 이와 관련해서는 文京區史 卷二, 文京區役所, 昭和43年3月30日, p.704~708, 785~786 참조

이로 인해 에도 시대의 일본 사찰은 단카 관계로 맺어져 장제(葬祭)를 전담한 사찰인 단나데라(檀那寺)[23]와 기복 사찰인 키간지(祈願寺), 그리고 두 역할을 모두 지닌 사찰, 이렇게 세 유형으로 나뉘어 번창하였다[24].

그리고 사찰 경내에 신도(神道)의 여러 카미(神)들을 권청하여 이를 안치한 건물을 건립하는 것에서 나아가, 불교 속에 신도를 흡수하여 결합하는 경향[25]이 더욱 강해졌다. 이에 따라 불교 건물도 전통적 형식의 불전 이외에, 신도의 진쟈(神社) 형식을 빌린 불전이 건립되었다[26](사진 11~13 및 그림 5 참조).

---

23) 菩提寺라고도 한다.
24) 「寺社書上」기록에서 에도 내 檀那寺에 해당하는 사찰이 淨土宗·法華宗·禪宗系 등에서 63곳, 祈願寺에 해당하는 사찰이 密敎系·法華宗·淨土宗 등에서 26곳, 그리고 檀那寺 겸 祈願寺에 해당하는 사찰이 天台宗·禪宗 등에서 4곳 나타나는데, 이로부터 당시 에도 정부가 사찰을 유형별로 구분하고 있음을 알 수 있다. 또 도쿄 내 文京 지역만으로 국한해서 보면, 檀那寺는 "傳通院(淨土宗·小石川)·智願寺(淨土宗·小日向)·瑞泰寺(淨土宗·駒込)·榮松院(淨土宗·駒込)·養國寺(淨土宗·關口)·法眞寺(淨土宗·本鄕)·淸光院(臨濟宗·小日向)·養源寺(臨濟宗·駒込)·麟祥院(臨濟宗·湯島)", 祈願寺는 "宝性院(天台宗·湯島)·護國寺(信義眞言宗·小石川)·根生院(信義眞言宗·湯島)·圓滿寺(古義眞言宗·湯島)·妙法寺(日蓮宗·駒込)·興善寺(日蓮宗·小石川)·妙傳寺(日蓮宗·小石川)·靈雲寺(眞言律宗·湯島)", 그리고 檀那寺 겸 祈願寺에는 "吉相寺(曹洞宗·駒込)·眞光寺(天台宗·本鄕)"가 있다. 앞의 책, p.704~706 참조
25) 일본 승려 교오키(行基 668~749)가 本地垂迹說(化身하여 나타난 부처의 본체-本地-로서의 절대적 불타가 인간을 이롭게 하고 중생을 구제하기 위해 자취迹를 諸方에 나타내어, 神이 되어 모습을 드러낸다고 하는 설)을 주창한 이래로 일본에서는 전혀 다른 두 종교인 불교와 신도(神道)가 뒤섞였다. 이후 사이쵸오(最澄 : 傳敎大師, 766~822)가 주창한 이찌지쯔(一實)신도와 쿠우카이(空海 : 弘法大師, 774~835)가 주창한 료오부(兩部)신도에서 볼 수 있듯이 불교가 신도와 결합되는 경향 속에 진쟈 부속 사찰인 神宮寺가 건립되었으며, 불교 세력이 확장되는 가운데 불교가 신도를 흡수한 상태가 메이지(明治) 시대 이전까지 계속되었다. 櫻井匡, 明治宗敎史硏究, 春秋社, 1971, p.21~22 참조
26) 호오묘오지(法明寺)의 키시모진도오(鬼子母神堂 : 도쿄 토시마쿠 조오시가야 3-15-20 소재. 拜殿과 幣殿은 1700년, 本殿은 1664년 건립), 야쿠오오인(藥王院)의 이즈나곤겐도오(飯繩權現堂 : 도쿄 하찌오오지시 타카오마찌 2177 소재. 本殿은 1729년, 拜殿과 幣殿은 1753년에 건립), 그리고 쇼오덴잔 칸기인(聖天山 歡喜院)의 쇼오덴도오(聖天堂 : 사이타마켄 쿠마가야시 메누마마찌 1627 소재. 奧殿은 1744년, 中殿은 1760년 건립, 拜殿은 中殿 건립 시기와 같은 것으로 추정) 등에서 이러한 경우를 볼 수 있다. 이들 불전은 진쟈 社殿의 형식으로서 예배에 이용되는 하이덴(拜殿), 의식에 사용되는 헤이덴(幣殿), 신체가 봉안된 혼덴(本殿)의 순서를 따라 앞에서 뒤쪽으로 이루어져 있는데, 쇼오덴잔 칸기인의 경우처럼 하이덴(拜殿), 츄우덴(中殿), 오쿠덴(奧殿)으로 그 명칭을 달리하는 것도 볼 수 있다. 덧붙여 이러한 사찰 내에 건립된 神社 형식 불전의 경우 도쿄를 중심으로 하는 수도권 지역에서는 19세기에 건립된 경우를 현재 찾아볼 수 없다. 김성도, 片桐正夫, 19세기 일본 불교 건축의 특성 연구 - 수도권 일원 사찰의 불전 건축 의장을 중심으로, 대한건축학회논문집, 2006.7., p.164 주석 9) 참조

사진 11 도쿄 소재 사찰 호오묘오지(法明寺)의 진쟈 형식 불전인 키시모진도오(鬼子母神堂) 전면 모습
(東京都 豊島區 雜司ケ谷 3-15-20, 촬영일자 : 2004. 1. 4)

사진 12 도쿄 소재 사찰 야쿠오오인(藥王院)의 진쟈 형식 불전인 이즈나곤겐도오(飯繩權現堂) 전면 모습
(東京都 八王子市 高尾町 2177, 촬영일자 : 2003. 7. 17)

사진 13 사이타마켄 소재 사찰 칸기인(歡喜院) 경내 진자 형식 불전인 쇼오덴도오(聖天堂)의 오쿠덴(奥殿) 실내 모습
 (埼玉縣 熊谷市 妻沼町 1627, 촬영일자 : 2007. 6. 13)

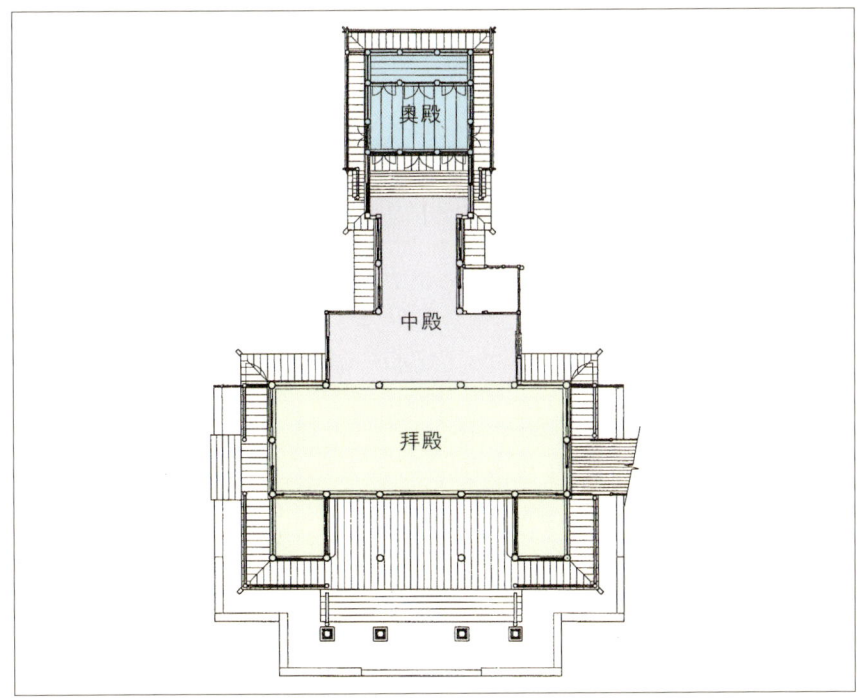

그림 5 칸기인(歡喜院) 쇼오덴도오(聖天堂) 평면

이처럼 일본 불교계는 에도 시대에 이르러 민중을 관리하는 세속적 지배 기관이 되어 메이지 정부 수립(1868년) 전까지 정치·경제적 특권을 향유하면서, 신도(神道)의 여러 카미(神)까지 권청하여 수익 극대화를 지나치게 추구한 결과, 종교적 도덕성과 고등 종교로서의 우위적 가치를 상실하였고, 나아가 지배층의 배불(排佛)[27] 의식과 민중의 반감을 불러 일으켰다[28]. 그리고 이는 에도 정부를 무너뜨리고 등장한 메이지 왕정 시대를 맞아 시행된 불교 말살 정책(廢佛毁釋)을 초래한 원인이 되었다[29].

에도 시대 민중 불교의 모습

　일본에서는 사찰 전각 안에 봉안된 불(佛)·보살(菩薩)·제천(諸天) 등에게 공양하고 재를 올리는 날을 엔니찌(緣日)라고 한다. 이 날에는 이들 불·보살·제천 등이 특별한 영험을 보인다고 하는 까닭에 많은 일본인들이 참배하였다[30]. 8일은 약사여래, 15일은 아미타불, 18일은 관음

---

27) 테라우케(寺請) 제도로 불교계가 서민을 완전 지배하게 되자, 가장 곤란하게 된 것은 이를 적극 추진했던 중앙(幕府) 및 지방(藩)의 지배층이었다. 농민에게서 조세 징수 과정에서, 이들 사찰은 방해가 되었다. 사찰에서는 기독교 금제(禁制)란 명목으로, 농민의 생살여탈권(生殺與奪權)을 갖고서, 소속 신도인 단카에게서 수탈을 강화하고 있었다. 따라서 중앙 및 지방의 지배층은 이러한 불교계를 배격하는 논리를 만들어 낼 필요가 있었으며, 하야시라잔(林羅山)·후지와라세이카(藤原惺窩)·아라이하쿠세키(新井白石)·야마자키안사이(山崎闇齋) 등의 유학자들이 이에 응하여 배불론(排佛論)을 전개하였다. 이와 관련해서는 中村元·笠原一男·金岡秀友, アジア佛教史 日本編Ⅶ 江戸佛教, 佼成出版社, 1972, p.37~38
28) 단카(檀家) 제도 등을 통해 소속 신도의 장례식과 불사 법요만으로도 신분 유지를 하며 사회적 지위와 안정된 생활을 보장받은 결과 포식난의(飽食暖衣)의 생활을 탐하고 여색 유흥에 빠지는 승려들이 나타났으며, 상납금(檀家役) 납부를 제대로 안 하는 사찰 신도에 대해 테라우케(寺請) 증명 발급과 장례 의식 집행(引導)을 거부하는 등 폐해가 나타났는데, 이는 민심 이반과 배불 사상이 양성되는 원인의 일부가 되었음을 알 수 있다. 雲藤義道, 앞의 책, p.13~14 및 歷史學硏究會·日本史硏究會編集, 앞의 책, p.84 참조
29) 김성도·片桐正夫, 앞의 논문, p.164~165
30) 오늘날에도 밀교의 특성이 강한 일본 사찰에서 이러한 전통은 그대로 이어지고 있다. 다이히간지(大悲願寺) 觀音堂(아키루노시 니시타마군 이쯔카이찌마찌 요코사와 134)의 경우 일년 중 4월 21일과 22일, 난요오지(南養寺) 大悲殿(쿠니타찌시 야호 6218)의 경우 10월 16일과 22일(저녁 6~7시)에 한해 1시간씩 내부를 개방하고 있다. 이 大悲殿은 내부에 관음과 약사여래의 두 불보살이 봉안되어 있어 각기 다른 기일에 맞춰 두차례 개방하지만, 내부에 봉안된 불상이 하나인 경우에는 한차례만 개방(카마쿠라 英勝寺의 경우 10월 23일 오후 1~2시)한다. 이 날은 엔니찌(緣日)로서 봉안된 불·보살·제천이 이 날에 한해 특별한 영험을 보인다고 하여 특히 참배한다.

보살, 24일은 지장보살, 28일은 후도오(不動)[31]의 날로 유명하다. 이 중에서도 관음보살과 지장보살이 당시 민중 속에서 특히 성행하였는데 이들 사례를 통해 에도 시대의 민중 신앙 모습을 간략하나마 살펴보도록 한다.

사진 14 도쿄 소재 사찰 다이히간지(大悲願寺) 칸논도오(觀音堂) 전면 (東京都 西多摩郡 五日市町 橫澤 134, 촬영일자 : 2003. 9. 4)

---

31) 眞言宗·天台宗 사원에 봉안되는 不動明王은 분노에 찬 모습으로 민중에게 공포의 대상도 되었지만, 不動明王을 수호신으로 삼아 슈겐도오(修驗道 : 산림에서 수행하고, 밀교적인 의식을 행하며, 영혼을 감득하고자 하는 종교로서, 산악 신앙에 밀교 및 음양도 등의 제 요소가 혼성된 것)를 수행하는 사람들의 포교로 인해, 에도 시대에는 다른 여러 불·보살과 마찬가지로 현세의 이익을 가져오는 존재로서 인식되어 많은 신자가 모였다.

사진 15 다이히간지(大悲願寺) 칸논도오(觀音堂) 내부 (東京都 西多摩郡 五日市町 橫澤 134, 촬영일자 : 2003. 9. 4)

사진 16 도쿄 소재 사찰 난요오지(南養寺)의 주불전 다이히덴(大悲殿) 전면 (東京都 國立市 谷保 6218, 촬영일자 : 2003. 8. 21)

사진 17 난요오지(南養寺) 다이히덴(大悲殿) 실내 (東京都 國立市 谷保 6218, 촬영일자 : 2003. 10. 22)

　　관음보살을 공양하고 재를 올리는 날은 매월 18일이었는데, 에도 시대에는 이와 별도로 7월 10일을 정하여, 이날 참배하면 4만 6천일에 해당하는 공덕을 받을 수 있다고 한 까닭에 많은 사람들이 참배하였다. 특히 관음보살이 봉안된 곳을 영지(靈地)로 삼아 순례하는 습속이 헤이안(平安) 시대 이래 계속되어 에도(江戶) 33개소 순례 등 관음 영지 순례가 매우 유행하였다. 이로 인해 에도의 주거 지역인 야마노테(山手) 내에서도 33개소 순례지가 성립되었으며, 심지어는 단일 사찰인 고코쿠지(護國寺)[32] 경내에서만 33곳 순례지가 성립되기에 이르렀다[33](그림 6

---

32) 護國寺(도쿄 분쿄오쿠 오오쯔카 5-40-1)는 眞言宗 豊山派에 속하는 명찰로서, 1681년에 5대 쇼오군(將軍) 토쿠가와쯔나요시(德川綱吉)의 생모 케이쇼오인(桂昌院)의 발원(發願)으로 창건되었으며, 중앙 정부인 바쿠후(幕府)의 祈願寺로서 토쿠가와쯔나요시의 통치기(1680~1709)에 가장 융성하였고, 현재도 당시 모습이 잘 남아 있다. 토쿠가와쯔나요시와 케이쇼오인의 귀의를 받은 亮賢僧正이 이 사찰을 開山하였다. 日本建築學會編, 總覽日本建築3 東京, 新建築社, 1987, p.181과 金岡秀友編, 古寺名刹大辭典, 東京堂出版, 平成9年, p.153 및 文京區史 卷二, 앞의 책, p.686~687 참조

33) 이는 에도 시대에 일반 민중이 타 지역으로 여행하는 것이 쉽지 않았던 결과라 하겠다.

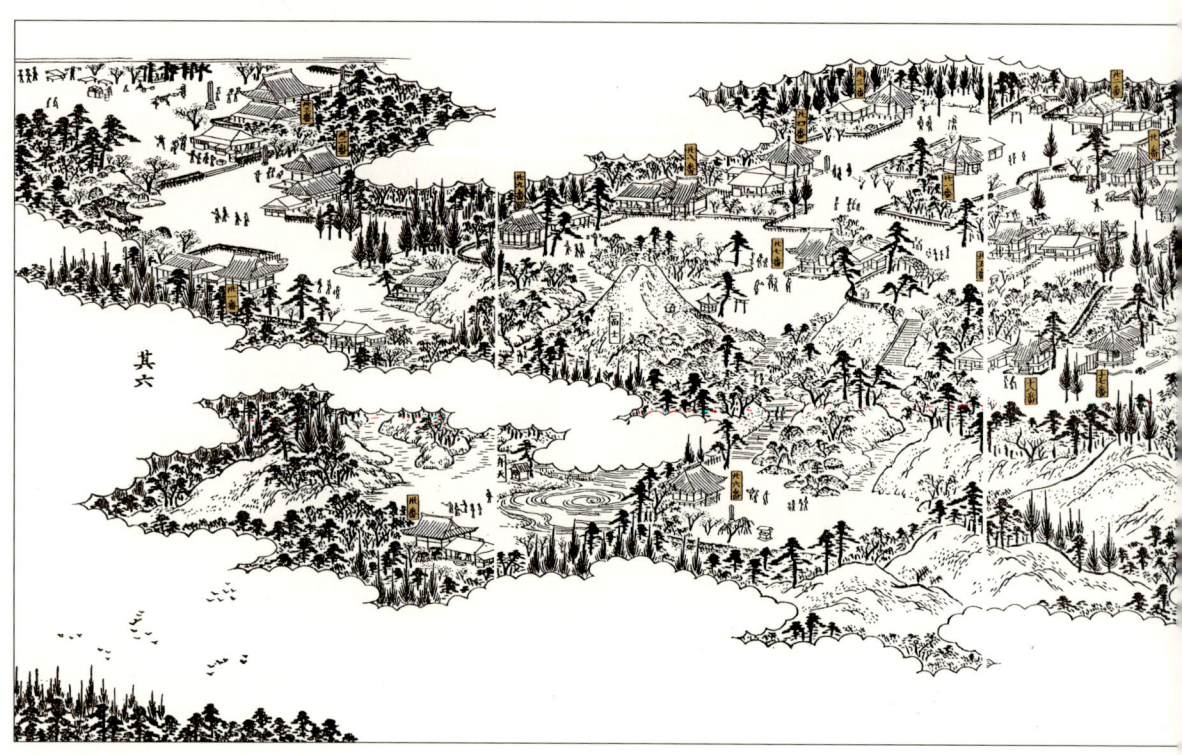

그림 6　고코쿠지(護國寺) 경내의 관음 순례지(33곳) 모습 (출처 : 日本圖會全集 江戶名所圖繪)

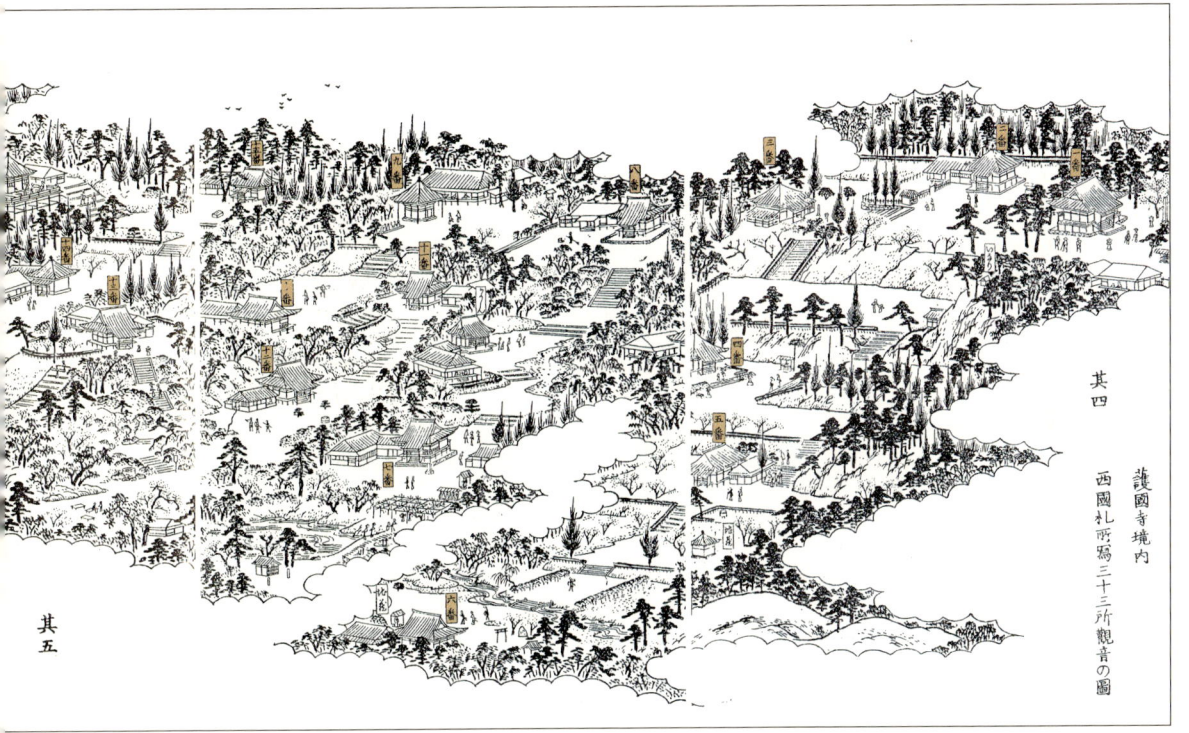

| 그림설명 |

일본에서는 특히 관음보살이 봉안된 곳을 영지(靈地)로 삼아 순례하는 습속이 헤이안(平安) 시대 이래 계속되어 에도(江) 33개소 순례 등 관음 영지 순례가 매우 유행하였다. 이로 인해 에도의 주거 지역인 야마노테(山手) 내에서도 33개소 순례지가 성립되었으며, 심지어는 단일 사찰인 고코쿠지(護國寺) 경내에서만 33곳 순례지가 성립되기에 이르렀는데, 그림 6에서 에도 시대 당시 고코쿠지 경내에 만들어진 관음 성지 33곳을 살펴볼 수 있다.

및 사진 18 참조). 당시 관음보살은 결혼과 액막이에 영험이 있는 것으로 알려져 크게 유행하였다[34].

사진 18 도쿄 소재 사찰 고코쿠지(護國寺)의 주불전(本堂) 정면 전경 (東京都 文京區 大塚 5-40-1, 촬영일자 : 2003. 5. 22)

---

34) 이러한 영지 순례의 전통은 오늘날에도 이어져 정초에 사찰이나 진쟈에 참배하여 복을 기원하고 있다. 그 일례로서 도쿄에서는 토오가쿠지(東覺寺, 福祿壽 봉안, 키타쿠 타바타 2-7-3), 세이운지(青雲寺, 惠比壽 봉안, 아라카와쿠 니시닛포리 3-6-4), 슈우세이지(修性院, 布袋尊 봉안, 아라카와쿠 니시닛포리 3-7-12), 쵸오안지(長安寺, 壽老人 봉안, 타이토오쿠 야나카 5-2-22), 텐오오지(天王寺, 毘沙門天 봉안, 타이토오쿠 야나카 7-14-8), 고코쿠인(護國院, 大黑天 봉안, 타이토오쿠 우에노코오엔 10-18), 벤텐도오(弁天堂, 弁財天 봉안, 타이토오쿠 우에노코오엔 2-1)의 7곳을 순례하면서 무병장수와 복록을 기원하는 야나카시찌후쿠진(谷中七福神) 순례가 행해지고 있다.

한편 지장은 현세와 내세의 경계에 있으면서 지옥으로 가는 것을 구제해 주는 보살로서 폭넓게 신봉되면서, 다양한 형태의 지장이 나타났다. 히가시카타마찌(駒込東片町, 현 向丘1丁目)에 있는 사찰인 다이엔지(大円寺)의 문 앞에는 질냄비를 머리에 뒤집어 쓴 질냄비지장이 있다. 또 기원할 때 지장을 포승으로 결박하고 소원이 이루어지면 포박을 풀어주는 결박지장이 있었다. 『에도스나고(江戶砂子)35)』에서 코히나타 묘오가타니(小日向茗荷谷)에 위치한 린센지(林泉寺)라는 사찰에 있는 결박지장이 매우 유명하였던 것을 볼 수 있고, 현재 코마고메(駒込)에 있는 텐소진쟈(天祖神社) 옆 지장은 1712년 5월에 제작된 결박지장임을 연기(緣起)에서 볼 수 있다. 이외에도 인간을 대신하여 고통을 구제해 주는 대속지장이 있었는데, 코마고메 아사카쵸오(駒込淺嘉町)에 위치한 쇼오토쿠지(尙德寺)라는 사찰에 있는 대속지장은 부어 있던 주지의 오른 눈을 치유한 대신 그 눈이 부어 있었다는 일화가 전한다. 또 코이시카와 토사키쵸오(小石川戶崎町)에 위치한 키운지(喜運寺)라는 사찰에 있는 두부지장, 코히나타 스이도오바타(小日向水道端)에 위치한 니찌린지(日輪寺)라는 사찰에 있는 감주지장처럼, 지장이 좋아하는 공물에 따라 두부지장, 감주지장 등 다양한 이름이 나타나고 있으며, 이를 통해 기복 신앙이 매우 발달했던 당시 일본 사회를 엿볼 수 있다36).

---

35) 키쿠오카센료오(菊岡沾涼, 1680~1747)가 에도성을 중심으로 지명 및 옛 자취를 자세히 서술하여 6권으로 간행(1732)한 에도지지(江戶地誌)
36) 이에 대한 상세한 내용은 文京區史 卷二, 앞의 책, p.718~724 참조할 것

근대 일본 사회와 문화
Society and Culture of Modern Japan

철저한 정보 수집과 감시 기능 아래 260여 년 동안 군사 정권을 유지해 온 에도 정부를 무너뜨리고 메이지 정부를 수립한 주체는 기존 세력에 저항하는 소수의 반정부 세력이었다. 이들은 당시의 대내외적 사회 혼란을 적절히 이용하면서 필요에 따라 테러와 폭력을 통해 사회 혼란을 증폭시킴으로써 에도 정부의 근간을 흔들었다. 그리고 정권 교체를 위한 명분을 만들어 가는 가운데 쿠데타를 통해 교토의 왕실을 장악한 후, 에도 정부의 감시 체계를 마비시키고 군대를 일으켜 최고 통치권자인 토쿠가와요시노부의 투항을 이끌어내었다.

제 2 장

19세기 일본 사회의 전개

| 사진설명 |
토쿠가와요시노부가 반정부 세력인 메이지 정부군과 협상하여 투항하면서 최고 통치자 자리에서 물러난 직후 머물렀던 사찰 칸에이지(寬永寺) 경내의 아오이노마(葵間) 실내 (東京都 臺東區 上野櫻木 1-14-11, 촬영일자 2003. 9. 6)

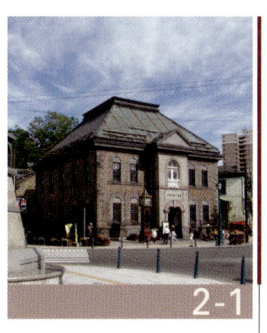

제2장

19세기 일본 사회의 전개

2-1 | 에도 정부 말기의 사회 혼란과 강제 개항 속에 진행된 서구 열강의 일본 진출

　민중 통치에 불교계를 적극 활용하였던 에도 정부는 19세기에 들어와 대내외적 문제가 누적되면서 점차 위기에 처하게 되었다.

　대내적으로는 급격히 물가가 상승하여 재정난에 처하면서, 중앙 정부(幕府)와 각 지방 정부(藩)가 직접 전매사업에 개입[37]하고 농민에게 과중한 조세를 부담시켰는데, 이로 인해 각지에서 이에 항의하는 농민 봉기와 폭동[38]이 발생하며 사회 불안이 이어졌다[39]. 특히 1833년부터 4년간에 걸친 자연 재해로 인한 기근이 이어지면서[40] 사회 혼란은 극심해졌다.

---

37) 에도 시대의 통치 체제는 중앙 정부인 바쿠후(幕府)와 그 지배를 받으면서도 독립적인 성격을 지닌 지방 정부인 한(藩)을 통치 기관으로 하는 바쿠한(幕藩) 체제로 구성되었으며, 이들 중앙 및 지방 정부는 1800년경 이래로 재정 확충을 위해 전매 사업에 개입하였는데, 이 글에서는 당시 일본 전역을 지배했던 중앙 정부인 에도의 바쿠후를 에도 정부로 표기하도록 한다.

38) 아오키코오지(靑木虹二)의 연구에 의하면 에도 시대 때 지배층에 대항하여 일어난 농민 봉기(햐쿠쇼오잇키; 百姓一揆)는 3,200건 정도로서, 조세(年貢) 감면·관리(代官) 교체·전매제 반대 등을 목표로 내세우는 경우가 많았다. 이들 농민 봉기는 쿄오호오(亨保 1716~35 : 8대 쇼오군 토쿠가와요시무네德川吉宗 통치기〈1716~45〉에 사용되었던 연호의 하나) 무렵부터 큰 규모로 조직화하였으며, 텐메이(天明 1781~88) 당시 기근 때에는 각지에서 잇따라 발생하였다. 일반 농민층이 적극 참가한 이 시기의 봉기를 소오뱌쿠쇼잇키(惣百姓一揆)라 한다. 이후 에도 시대 말기가 되면, 마을 내 농업과 상업에 종사하는 부호를 습격하는 민란이 일반화한 가운데 세상 바로잡기를 기치로 내건 봉기로 발전하여 메이지 시대까지 지속되었으며, 이러한 에도 시대 말기와 메이지 시대의 농민 봉기를 요나오시잇키(世直し一揆)라 한다. 高柳光壽·竹內理三 編, 日本史辭典, 角川書店, 1982, p.805 참조

에도 정부(幕府)는 이에 대응하여 텐포오(天保) 개혁[41]을 실시하여 지배 체제 강화와 사회 안정을 도모하고자 하였으나 농민과 상인 및 지배층을 포함한 광범위한 계층의 반발과 저항에 부딪쳤다.

또 대외적으로는 서구 열강의 문호 개방 압력에 쇄국 정책으로 일관하다가, 1854년 미국의 무력 시위에 굴복해 카나가와(神奈川)에서 미국과 조인하여 시모다(下田)와 하코다테(函館)를 미국에 개방하였고[42], 이후 1858년에 서구 열강 5개국과 불평등조약을 체결[43]하였는데, 이는 일본

---

39) 재정 대책으로서 1695년 이래로 중앙 정부(幕府)는 주조 화폐의 가치를 절하하고, 각 지방 정부(藩)는 그 영지 내에서만 사용되는 지폐인 한사쯔(藩札)를 발행하여 통화 조작 정책을 행하는 한편, 농민들에게 조세를 과도하게 부담 지웠다. 더 이상 감당하기 힘든 수준으로 조세를 농민들에게 부담시켜 온 중앙과 각 지방 정부는 19세기에 이르러 전매 사업에 개입하여 재정 확충을 도모하였고, 이 과정에서 농민들은 영리 작물에서 얻어야 할 수익마저 감소하게 되었다. 이러한 상황을 맞아 1822년 12월(양력 1823년 1월) 미야즈한(宮津藩)에서는 이 지역 책임자(藩士)가 부과한 추가 조세에 항의하여 7만 명 이상이 참가한 민란이 발생하였고, 1831년 여름에는 쵸오슈우한(長州藩)의 미타지리(三田尻) 인근에서 전매에 반대하는 농민 봉기가 발생하여 쵸오슈우한 전역으로 확산되는 등 일본 각지에서 민중 봉기가 일어났다. W.G. Beasley, 장인성譯, 일본 근현대사, 을유문화사, 1996, p.27~31 참조

40) 텐포오(天保 1830~42)기에 발생하여 텐포오노키킨(天保飢饉)이라고 한다. 1833년 냉해와 홍수 및 태풍이 잇따르면서 전국에 걸쳐 흉년이 들어 작황이 3分 내지 7分作에 그쳤으며, 1834년과 1835년에도 흉작이 계속되었고, 1836년에 이르러는 전국 평균 작황이 4分에 그쳤다. 그 결과 쌀값을 위시하여 제 물가가 뛰어 올랐고, 농민들은 황폐한 농촌을 등지고 뿔뿔이 흩어졌으며, 각 지방에서는 민중 봉기와 민란이 거세게 일어났다. 이 때문에 중앙 정부는 그 대책으로서 구휼 시설인 스쿠이고야(救小屋)를 설치하고, 술 제조를 제한하는 한편으로 비축용 쌀을 매각하고 쌀을 개인적으로 비축하는 것을 금지하였다. 그러나 지방 정부에서도 이 위기에 대처하고자 식량 확보에 진력하게 되면서, 에도로 수송할 미곡이 크게 줄어들어, 중앙 정부의 대책이 제대로 시행되지 못하였고, 그 결과 오오시오헤이하찌로오(大鹽平八郎)의 난을 시작으로 각지에서 민중 봉기와 민란이 잇따랐다. 이에 대해서는 高柳光壽・竹内理三, 앞의 책, p.663 참조

41) 사회적 위기 상황을 맞아 지배 체제를 유지·강화하고자 에도 정부가 1841년부터 1843년까지 로오쥬우슈자(老中首座, 현 총리격에 해당) 미즈노타다쿠니(水野忠邦)를 중심으로 시행한 개혁. 사치를 물가 급등 원인으로 지목하여 금하고, 농민에 대해 강제 귀농 정책과 도시 유입 억제 정책을 시행하였다. 또 물가 인하 정책과 더불어 도시 상업을 독점해 왔던 카부나카마(株仲間: 상공업자 조합)와 톤야(問屋: 도매업자) 조합 해산을 통해 상인의 자유로운 거래를 허가하였다. 에도 정부는 직접 산업 통제에 나서기 위한 일련의 경제 정책을 시행하면서, 또한 황무지를 개발·재조사하여 세 수입을 늘리고자 했으나, 이들 모두 상인과 농민의 저항으로 효과를 보지 못했다. 이 때문에 간척 사업과 함께 에도와 오오사카에서 10里(이 시기의 1里는 36町으로 3.6~4.2km에 해당하므로, 10리는 36~42km) 사방 안에 있는 사유지와 하타모토(旗本: 將軍家 직속 무사로서 직접 將軍을 만날 자격이 있는 봉록 萬石 미만 五百石 이상인 자) 소유 영토(旗本領)를 정부 직할령으로 편입하는 내용의 아게찌레이(上知令)를 발하여 중앙의 지배력 강화를 시도하였지만, 이는 농민의 저항과 다이묘 및 하타모토의 반발에 부딪쳤고, 결국 개혁을 추진한 각료들 간에 분열이 일어나면서 텐포오 개혁은 실패하였다. 이와 관련해서는 앞의 책, p.663 및 井上清, 日本の歴史 中, 岩波新書, 1972, p.77 참조

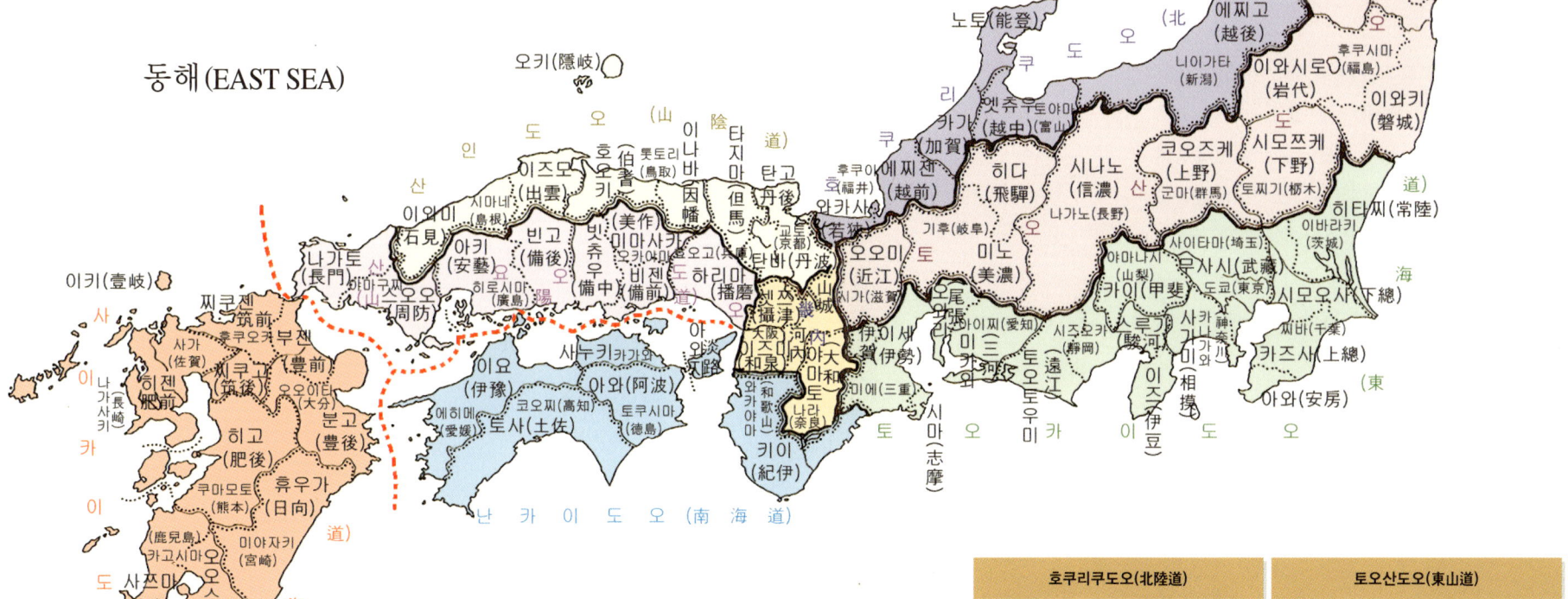

그림 7 1868년경 일본 지명

1868년경 일본 지명도

1868년 에도 정부의 최고 통치권자인 토쿠가와요시노부가 메이지 정부군에 에도성을 넘기고 투항하자, 해군 副總裁였던 에노모토타케아키(榎本武揚)는 에도 정부의 해군 주력 부대와 육군 부대 일부 및 프랑스 군사 교관단 일부를 인솔하여 홋카이도오(北海道) 하코다테(函館)로 근거지를 옮겨 독립국인 에조가시마(蝦夷島) 공화국을 세우고 항전하였다. 이에 메이지 정부는 이곳을 공략 점령한 후 에조찌(蝦夷地) 등으로 불리던 이 지역에 북방 개척 관청인 開拓使를 설치하여 홋카이도오라고 이름 붙이고 개척을 추진하여 비로소 영토 내에 편입한 바, 1868년 무렵 일본 영토를 나타낸 일본 간행 지도에는 홋카이도오가 제외되어 있다.

사회 내부의 극심한 분열을 초래하였다. 특히 개항하고 얼마 지나지 않은 1854년 11월 4일(양력 12월 23일) 토오카이도오(東海道)에서 사망자가 약 600명에 이르는 지진이 발생하였고, 그 이튿날 난카이도오(南海道)에서도 사망자가 약 3,000명에 이르는 지진이 발생한 데 이어, 1855년 10월 2일(양력 11월 14일)에는 에도 지역에서 7,000명 이상이 사망한 대규모 지진이 발생[44]함으로써, 당시의 대외 상황과 맞물려 극심한 사회 혼란이 야기될 수밖에 없었다.

---

42) 1840년 발발한 아편전쟁에서 중국이 패하여 양쯔강 북방까지 항구를 개방하게 되자, 이곳에 서구의 상선들이 진출하였고, 이들에 대한 보호를 명목으로 영국, 프랑스, 미국 등 열강들이 해군 함대를 증파하면서, 이 군사력을 배경으로 일본에 대해서도 개입 가능한 상황이 조성되었다. 이에 1845년 중국 주재 영국 공사였던 존 데이비스(John Davis) 경이 일본과의 통상 조약 체결을 위한 계획을 세웠지만, 이를 지원할 군사력 동원에 실패하여 계획을 포기한 바 있다. 1846년에는 미국의 제임스 비들(James Biddle) 제독이 에도(江戸)만에 들러 통상을 요구하였으나 거절당하였다. 하지만 석탄 공급 기지로서의 역할 등 일본에 중요한 이해 관계를 가진 미국 정부는 이를 관철시키기 위해 1852년에 조약 협상을 지원할 해군 군사력 사용 권한을 부여받은 페리(Matthew C. Perry) 제독 함대를 일본에 파견할 것이라는 발표를 하였고, 이어 페리 제독이 함대를 이끌고 1853년 6월 3일(양력 7월 8일)과 1854년 1월 16일(양력 2월 13일) 두 차례에 걸쳐 입항하여, 이해 3월 3일(양력 3월 31일) 카나가와(神奈川)에서 조약을 체결(神奈川條約)한 후, 5월 22일(양력 6월 17일) 시모다(下田)에서 카나가와조약을 보다 상세하게 규정한 화친조약 부록에 조인(下田條約)하였다. 이에 따라 두 나라의 화친, 미국 선박 기항지로서 이즈(伊豆)에 있는 시모다(下田)와 홋카이도오(北海道)에 있는 하코다테(函館) 개방, 미국 선박에 필수품 판매, 두 항구에서의 영사 주재 권한 등이 정해졌다. W.G. Beasley, 앞의 책, p.44~48과 John W. Hall, Marius B. Jansen, Madoka Kanai, Denis Twitchett, *The Cambridge History of Japan Vol.5 The Nineteenth Century*, Cambridge University Press, 1989, p.268~270, 279~280 및 井上淸, 앞의 책, p.85 참조

43) 안세이고카코쿠(安政五か國)조약이라 하며, 1858년(安政 5) 에도 정부가 구미 5개국과 맺은 통상조약. 이 해 6월 19일(양력 7월 29일)에 나가사키에서 미국 영사 해리스(Townsend Harris)는 항구 5곳 개항, 일본 거류 미국인에 대해 미국법 적용, 에도에 미국 공사 주재, 통상에 정부 개입 배제, 그리고 저관세 적용 등을 골자로 하는 조약을 일본과 체결하였다. 여기에는 1859년 6월 5일(양력 7월 4일)부터 카나가와(神川, 현재 橫浜)와 나가사키(長崎)를, 1859년 12월 9일(양력 1860년 1월 1일)부터 니이가타(新潟)를, 그리고 1862년 11월 12일(양력 1863년 1월 1일)부터 효오고(兵庫, 현재 神戶)를 각각 개항하고, 1861년 12월 2일(양력 1862년 1월 1일)과 1862년 11월 12일(양력 1863년 1월 1일)에는 각각 에도와 오오사카 두 도시를 개방하는 내용이 포함되었다.
한편 미국에 이어 7월 10일(양력 8월 18일)에는 네덜란드 대표(Jan Hendrik Donker Curtius)가, 다음 날인 7월 11일(양력 8월 19일)에는 러시아 대표 푸차친(Putiatin)이 이와 유사한 조약을 체결하였으며, 7월 18일(8월 26일)에는 영국 대표 엘진(Elgin) 경도 최혜국 조항을 추가하여 유사 협정을 체결하였으며, 8월 24일(양력 10월 9일)에는 프랑스 사절 그로(Jean Baptiste Louis Gros) 남작이 조약을 체결하였다. 이로 인해 일본 내에서는 존왕양이(尊王攘夷) 운동이 격화하였다. 이와 관련해서는 John W. Hall 외 3인, 앞의 책, p.283과 井上淸, 앞의 책, p.91 및 高柳光壽·竹內理三, 앞의 책, p.41 그리고 W.G. Beasley, 앞의 책, p.48~54 참조

44) 안세이노지신(安政の地震)이라 하며, 압사되거나 불에 타 죽은 자가 공식 보고된 것만으로도 7,000명에 이른다. 高柳光壽·竹內理三, 앞의 책, p.41

개항 후 에도에는 1858년에 체결된 조약(安政條約)에 따라 미국, 네덜란드, 러시아, 영국, 그리고 프랑스의 5개국에서 파견한 공사가 주재하였다. 1859년 6월(양력 7월)부터는 카나가와(神奈川)·나가사키(長崎)·하코다테(函館) 세 곳이 무역항으로서 개항되었고, 뒤이어 니이가타(新潟)·효오고(兵庫, 현 코오베 神戶)의 두 항구와 에도(江戶)·오오사카(大阪)의 두 도시를 개방하는 시기도 결정되었다[45].

그런데 개항장에서 무역이 이루어지면서 일본 경제는 곧바로 위기에 빠졌다. 당시 일본에서 가장 주요한 화폐로서 은화인 이찌부긴(一分銀)[46]은 통화 단위가 금 시세와 밀접하게 연결되어 있었는데, 금과 은의 국제 시세 비율이 1대 15인 것에 대하여 일본에서는 약 1대 5로 금 시세가 낮고 은 시세가 높게 평가되어 있었기에, 대량으로 금이 유출되고 은이 유입되면서 일본 경제 전반에 큰 혼란이 일어났다. 또 수출로 인해 쌀을 포함하여 온갖 물가가 급격히 오르면서 민중은 심각한 생활난을 겪게 되었다[47].

민중의 삶이 황폐해지고, 텐포오(天保) 개혁의 실패 속에 에도 정부의 절대적 권위가 무너져 가면서, 정부의 대외 정책에 반대하며 존왕양이[48]를 내세운 정치 세력이 등장하였다[49]. 이들 세력은 일본 내 사회 혼란의 책임을 외부 세력인 서구 열강과 에도 정부의 대외 정책 탓으로 돌리면서 폭력을 수단으로 하여 외국인과 외국인에 협력하는 일본인, 그리고 조약에 참여한 중앙 정부의 고위 관료를 대상으로 습격하거나 암살하였다.

에도 정부에서는 당시 타이로오(大老)[50]였던 이이나오스케(井伊直弼)가 전면에 나서서 이들

---

45) 이들 두 항구와 두 도시의 추가 개방 시기는 일본 내 심각해지는 사회 불안을 염려한 영국과의 재협상을 통해 1867년 12월 7일(양력 1868년 1월 1일)로 연기되었고, 이 사항은 협약을 맺은 다른 나라에서도 받아들였다.
46) 에도 말기에 사용된 은화로서, 1837년(天保 8)에 모습을 보인 天保一分銀, 1859년(安政 6)에 주조된 安政一分銀, 1868년(明治 1) 메이지 정부 때 주조된 貨幣一分銀 모두가 이에 해당되지만, 개항 당시 사용된 이찌부긴은 天保一分銀과 安政一分銀이 주로 쓰였음을 알 수 있다.
47) John W. Hall 외 3인, 앞의 책, p.285~286 및 井上淸, 앞의 책, p.90 참조
48) 왕실을 높이고 오랑캐를 물리침
49) 이들 세력에는 교토 조정의 3품 이상 고관인 코오케이(公卿), 각 지방의 최고 책임자인 다이묘오(大名)와 그 가신인 한시(藩士), 떠돌이 무사인 로오닌(浪人)을 포함한 하급 무사와 코쿠가쿠샤(國學者) 등이 있었다.
50) 쇼오군(將軍) 아래 최고직으로서 총리격에 해당되며, 에도 시대를 통틀어 10명이 임명되었다. 10만 코쿠(萬石) 이상 되는 후다이다이묘오(譜代大名)로부터 선임되었고, 사카이(酒井)·도이(土井)·이이(井伊)·홋타(堀田) 등 유력한 다이묘오가 독점했다. 참고로 쌀의 추정 생산량을 나타내는 코쿠(1코쿠는 10되, 약 180리터)로 토지 측정을 하던 당시, 코쿠에 의한 토지 과세와 인구 수가 대략 같다고 보았으므로, 10만 코쿠의 영지에는 약 10만 명의 주민이 있는 것으로 간주하였다.

존왕양이 세력 제거를 일찍이 시도[51]한 바 있지만, 1860년에 이이나오스케조차 이들 세력에게 암살되기에 이르렀다[52].

　권위가 현저히 약화[53]된 에도 정부는 과격한 존왕양이 세력을 억누르고, 그 권위를 재확립하는데 왕실을 이용하였다. 왕실(公家)과 에도 정부(武家)의 협력을 내세워 코오부캇타이(公武合體)[54]를 주창하며, 1860년 코오메이(孝明)왕의 여동생 카즈노미야(和宮)와 에도 정부의 통치자 토쿠가와이에모찌(德川家茂)[55] 간 정략 결혼을 통해 왕실과 관계를 수립함으로써 기존의 지배체제를 재차 강화하고자 하였다[56].

　하지만 에도 정부의 지배력 한계로 사회 혼란은 수그러들지 않았으며, 그 와중에 1861년과 그 이듬해에 임시 영국 공사관이었던 토오젠지(東禪寺)가 두 차례에 걸쳐 습격을 받았다[57]. 또 1862년

---

51) 미일 간 수호 통상 조약에서의 칙허 문제와 쇼오군(將軍) 계사(繼嗣) 문제를 둘러싸고 존왕양이파의 반대가 거세지면서, 1858년(安政 5) 이이나오스케(井伊直弼)는 이들 존왕양이 세력을 대대적으로 탄압하였는데, 이를 안세이노타이고쿠(安政の大獄)라 한다. 이에 연루된 자는 코오케이(公卿 : 조정의 3품 이상 고관)·다이묘오(大名 : 각 지방의 최고 책임자)·행동대원인 시시(志士)를 포함해 백여 명에 이르렀으며, 이들 중 당시 로오쥬우(老中)였던 마나베아키카쯔(間部詮勝)를 암살하려고 계획했던 요시다쇼오인(吉田松陰, 1830~59)을 포함하여, 하시모토사나이(橋本左內, 1834~59)·라이미키사부로오(賴三樹三郎, 1825~59) 등 8명이 처형되었다.

52) 1860년 3월 3일(양력 3월 24일) 에도성 내에 있는 사쿠라다(櫻田)문 바깥에서 미토한(水戶藩)을 중심으로 하여 사쯔마한(薩摩藩)에서도 가담한 18명의 떠돌이 무사가 이이나오스케를 암살하였으며, 이를 사쿠라다몬가이노헨(櫻田門外の變)이라고 한다.

53) 에도 시대에 각 지방의 최고 책임자인 다이묘오(大名)를 감시 통제해 왔던 제도인 산킨코오타이(參勤交代 : 1635년 武家諸法度 개정으로 제도화된 것으로, 대개 1년씩 교대로 다이묘오를 에도에 머물도록 하고, 영지에서 머무르는 기간에는 그 처자를 에도에 인질로 머물도록 한 제도)가 1862년에 대폭 완화(大다이묘오는 3년에 1년, 그 외의 다이묘오는 3년에 한차례 100일간 에도에 머물도록 하고, 영지에서 머무르는 기간 동안의 처자 인질제는 중지)되는 것을 통해 에도 정부의 권력이 약화되어 가는 한 단면을 엿볼 수 있다.

54) 에도 정부 말기에 이름뿐인 왕실이지만 이와 관계를 맺음으로써, 존왕양이를 내세운 반체제 세력의 명분을 약화시키고, 약화되어 가던 바쿠한(幕藩) 체제의 재강화를 꾀하고자 한 정치 운동

55) 14대 쇼오군. 재위 1858~1866. 키슈우(紀州)의 책임자 토쿠가와나리유키(德川齊順)의 맏아들

56) 이이나오스케의 뒤를 이은 안도오노오부마사(安藤信正 : 1819~1871, 처음 信睦·信行이었으나, 후에 信正로 개명)가 이를 추진하였으며, 이로 인해 왕의 여동생을 인질로 삼는 것으로 여겨 분개한 미토(水戶) 출신의 떠돌이 무사들에게 습격 받아 1862년 1월에 에도성 사카시타(坂下)문에서 부상당하였다. 高柳光壽·竹內理三, 앞의 책, p.42 및 井上淸, 앞의 책, p.97 참조

57) 1861년 영국 공사 올콕크의 도오카이도오(東海道) 여행에 격분하여 미토(水戶) 출신 떠돌이 무사 아리가한야(有賀半彌) 등 14명이 에도 타카나와(高輪)의 토오젠지(東禪寺)를 습격하여 공사관원 2명에게 부상을 입혔으며, 이는 배상금 1만 달러 외에 에도 정부 자금으로 공사관을 건설하는 것으로 해결되었다. 다음 해인 1862년에는 마

8월(양력 9월)에 에도에서 교토(京都)로 돌아가던 시마즈히사미쯔(島津久光)[58] 일행이 요코하마(橫浜) 부근의 나마무기(生麥) 마을을 통과할 때 말을 탄 영국인 4명과 마주치자, 행렬을 어지럽혔

그림 8 에도 시대 나마무기(生麥) 마을 거리 풍경 (출처 : 日本圖繪全集 江戸名所圖繪)

　쯔모토한(松本藩) 소속 무사 이토오군베에(伊藤軍兵衛)가 토오젠지 경비 비용을 자신의 지역에서 지출하는데 불만을 품고, 토오젠지를 습격하여 영국 해군 사병 2명을 죽이고 자살하였는데, 배상금 1만 파운드로 해결되었다. 高柳光壽·竹内理三, 앞의 책, p.676
58) 1817~1887. 에도 말기 사쯔마한(薩摩藩) 책임자였던 시마즈타다요시(島津忠義)의 부친. 시마즈나리오키(島津齊興)의 5남으로서 부친 사망 후 그 유지를 따라서 자신의 아들인 시마즈타다요시를 사쯔마한의 최고 책임자 자리에 앉혔고, 자신은 최고 책임자의 부친으로서 사쯔마한의 실권을 장악. 1862년 군사를 이끌고 교토에 들어가, 테라다야(寺田屋) 사건을 일으킨 존왕양이파를 탄압. 1865년 킨몬노헨(禁門の變)에서는 아이즈한(會津藩)의 병사들과 손잡고 쵸오슈우한(長州藩) 군사를 격파한 公武合體派의 중심 인물. 高柳光壽·竹内理三, 앞의 책, p.450

다는 이유로 사쯔마한(薩摩藩) 출신의 호위 무사가 상하이(上海)에서 온 찰스 리차드슨(Charles Richardson)을 살해하고 그의 동료 두 사람을 다치게 한 사건59)이 발생했다.

1863년 5월 10일에는 시모노세키(下關)해협을 지나 항해 중이던 미국 선박이 쵸오슈우한(長州藩)으로부터 불시에 공격을 받았고, 이후에도 프랑스와 네덜란드 선박이 포격을 당하였다.

그 결과 영국과 프랑스 두 나라는 외국인을 배격하는 일본인 무사로부터 자국 거류민을 보호한다는 명분을 들어 1863년 이후 요코하마(橫浜)에 군대를 주둔시켰고60), 이는 일본의 대내적 상황을 더욱 악화시켰다.

---

59) 나마무기지켄(生麥事件)이라 하며, 당시 영국은 에도 정부와 사쯔마한에 범인 처벌과 배상금 지불을 요구하였고, 이에 대하여 에도 정부는 10만 파운드를 배상하였다. 하지만 당시 존왕양이 운동의 주요 근거지가 되었던 사쯔마한에서는 배상을 거부하였고, 그 결과 다음 해 영국 함대 7척의 포격을 받아 카고시마(鹿兒島) 시가 태반이 불탔다. 이에 대해서는 앞의 책, p.716 및 井上淸, 앞의 책, p.98 참조

60) 영국과 프랑스 두 나라 모두 1863년부터 1875년까지 12년간 군대를 주둔시켰다. 영국은 오늘날의 미나토노미에루오카公園 일대를 거점으로 삼아 1864년에 육군 900명, 해병대 530명을 주둔시켰고, 1865년에는 에도 정부 자금으로 요코하마 주둔군 숙소(兵舍)와 탄약고, 군병원 등 4,600평에 이르는 군사 시설을 건립한 후, 여기에 육군 1,200명, 해병대 800명에 이르는 병력을 주둔시켰다. 영국군 주둔 지역은 당시 토완테(トワンテ)山으로 통칭되었는데, 이곳에 머물렀던 육군 20연대의 영어 명칭-Twenty-에서 비롯하고 있다. 이에 대해 프랑스군 주둔 지역은 후란스(フランス)山으로 명명되어 오늘날에도 그대로 불리고 있다. 井上淸, 앞의 책, p.93 및 中武香奈美, 中區歷史の散歩道 その二十九 山手からの英佛駐屯軍撤退 (http://www.city.yokohama.jp/me/naka/sighthist/sanpo/rekisi/rekisi-29.html) 참조

2-2 반정부 세력의 성장

  에도 정부의 대외 정책에 반대하고 존왕양이(尊王攘夷)를 내세워 요인 암살과 외국인 습격을 주도하였던 정치 세력은 서구 열강의 막강한 군사력과 일본이 처한 현실을 인식하게 되면서, 존왕양이 대신 에도 정부 타도를 목적으로 삼아 세력을 확장하며 반정부 세력(反幕府派)으로 성장하였다[61]. 이들 세력에는 교토 조정의 3품 이상 고관인 코오케이(公卿), 각 지방의 최고 책임자인 다이묘오(大名)와 그 가신인 한시(藩士), 떠돌이 무사인 로오닌(浪人)을 포함한 하급 무사, 그리고 전통 신앙을 신봉하는 배타적 국수주의자인 코쿠가쿠샤(國學者) 등이 있었다. 이들 중 코쿠가쿠샤는 에도 말기의 반정부 세력 및 메이지 정부의 사상적 지주 역할을 하였는데, 일본이 카미(神)의 나라라는 사상을 갖고서 근왕(勤王) 사상을 고취하면서 전통 신앙인 신도(神道)로 복귀할 것을 주장하였다.

  이들 반정부 세력은 에도 정부의 감시와 탄압 속에서도 요인 습격과 암살, 그리고 거병을 통해 에도 정부를 무너뜨리려는 시도를 곳곳에서 계속하였다.

  수도인 에도에서는 이이나오스케를 암살하였고(1860)[62], 안도오노부마사를 습격하였으며(1862)[63], 교토에서는 후시미(伏見)에 있는 테라다야(寺田屋)에 집결하여 요인 암살을 모의하다

---

61) 井上淸, 앞의 책, p.103 참조
62) 주석 52) 참조할 것
63) 주석 56) 참조할 것

가 진압되었다(1862)[64].

이런 가운데 1863년에는 에도 정부가 교토 조정 내에 있는 반정부 세력 제거를 도모하면서[65], 이들 세력은 교토 조정에서 추방되었다.

그 후 세력을 만회하고자 쵸오슈우한(長州藩)·토사한(土佐藩)·쿠마모토한(熊本藩) 등에서 교토로 반정부 세력이 모여들었다[66]. 이들은 교토에 있는 왕궁을 불태우고 그 혼란을 틈타 교토 슈고쇼쿠(京都守護職)[67]를 맡고 있는 마쯔다이라카타모리(松平容保)[68] 등을 암살할 계획을 세우고서 1864년 6월 5일 여관 이케다야(池田屋)에 모였지만, 에도 정부의 교토 내 치안 유지 조직인 신센구미(新選組)[69]의 습격을 받아 실패하였다.

이에 쵸오슈우한의 중신(家老)[70]이었던 후쿠하라에찌고(福原越後)[71]·쿠니시시나노(國司信濃)[72], 마스다카네노부(益田兼施)[73]가 반정부군을 이끌고 교토로 진격하였다. 이들은 1864년 7월 19일 아이즈한(會津藩)과 사쯔마한(薩摩藩)의 군사들로 편성된 정부군과 하마구리고몬(蛤御門) 부근에서 전투를 벌였으나[74] 크게 패하였다. 이로 인해 쵸오슈우한은 정부의 주적으로서

---

64) 사쯔마한(薩摩藩)의 가신(藩士)들이었던 아리마신시찌(有馬新七 1825~1862)와 타나카켄스케(田中謙助) 등 존왕양이파 8명은 정부 전복을 위한 거병을 준비하면서, 우선 교토의 치안 유지 임무를 맡고 있던 사카이타다아키(酒井忠義)와 왕을 보좌하던 구죠오히사타다(九條尙忠)의 살해 계획을 세우고, 이를 위해 1862년 4월 23일 선박 운송업을 하던 테라다야(寺田屋)에 집결하였다. 그러나 사전에 이를 파악한 사쯔마한(薩摩藩) 책임자의 부친인 시마즈히사미쯔(島津久光)에 의해 진압되었다.
65) 1863년 8월 18일 에도 정부의 코오부갓타이(公武合體)파는 정부와 협력 관계에 있던 코오메이(孝明)왕과 협조하여 조정 내 급진파였던 존왕양이파 세력을 교토 조정에서 추방하고 정국 주도권을 획득했다. 주석 104) 참조할 것
66) 에도 말기의 혼란한 시기를 맞아 최고 통치권자인 쇼오군이 머무르는 에도에 비해 상대적으로 통제가 느슨하고 왕정복고의 명분을 살릴 수 있는 교토 지역으로 반정부 세력이 집결됨은 당연하다고 하겠다.
67) 1862년 설치된 요직으로, 교토쇼시다이(京都所司代 : 교토 치안 유지 임무 담당)와 오오사카죠오다이(大坂城代 : 오오사카성 내 관리들을 통솔하여 정무를 보면서 오오사카성 수호와 西國의 여러 다이묘오 동향을 감독) 및 교토 인근의 다이묘오를 지휘하는 권한을 지님
68) 1835~1893. 에도 말기 무쯔(陸奧)국 아이즈한(會津藩)의 책임자
69) 1863년에 에도 정부가 세리자와카모(芹澤鴨), 콘도오이사미(近藤勇), 히지카타토시조오(土方歲三) 등 무예에 능한 군인을 모아 편성한 경비대. 京都守護職 소속으로 반정부 세력 진압을 담당
70) 에도 시대 당시 하나의 한(藩)에 여러 명으로 구성된 무가의 중신
71) 1815~1864. 쵸오슈우한(長州藩)의 중신
72) 1842~1864. 쵸오슈우한(長州藩)의 중신
73) 1833~1864. 쵸오슈우한(長州藩)의 중신
74) 이를 킨몬노헨(禁門の變), 또는 하마구리고몬노헨(蛤御門の變)이라고 한다.

정벌 대상이 되어, 에도 정부의 대군을 맞았고, 그 처벌을 받았다[75].

하지만 1865년에 쵸오슈우한에서 타카스기신사쿠(高杉晋作)[76] 등 반정부 세력이 쿠데타를 일으켜 친정부 세력을 제거하고 실권을 장악한 데 이어 1866년에 토사한(土佐藩) 출신의 사카모토료오마(坂本龍馬)[77]와 나카오카신타로오(中岡愼太郎)[78] 등의 노력에 힘입어 쵸오슈우한(長州藩)과 사쯔마한(薩摩藩) 지역의 반정부 세력이 동맹[79]을 체결하여 그 힘을 결집하면서 새로운 국면을 맞았다.

---

75) 에도 정부는 킨몬노헨 당시 쵸오슈우한 군사가 왕궁을 향해 발포했으므로 쵸오슈우한을 조정의 적으로서 정벌한다는 명분을 들어 군사 15만명을 이끌고 제일 차 쵸오슈우 정벌 전쟁에 나섰다. 쵸오슈우한으로 진군한 정부군은 킨몬노헨(禁門の變)의 책임자 세명의 처형과 산죠오사네토미(三條實美) 등 5명의 중신 귀향 및 쵸오슈우한의 관청이 있던 야마구찌(山口)성 철거를 명하였고, 쵸오슈우한이 그 처벌을 받아들여 시행함에 따라 1864년 12월 철군하였다.

76) 1839~1867. 쵸오슈우한(長州藩)의 가신. 이름은 슌푸우(春風). 호는 토오교오(東行). 요시다쇼오인(吉田松陰)의 문하. 1863년 쵸오슈우한에서 시모노세키해협을 향해 중이던 외국 선박을 습격한 데 대한 보복에 대비하여 새로 만든 부대인 키헤이타이(奇兵隊) 창설 때 기여. 1865년 이후 쵸오슈우한의 실권을 장악하여 에도 정부에 대항

77) 1835~1867. 토사한(土佐藩) 출신. 별명은 사이타니우메타로오(才谷梅太郎). 1861년에 정치 결사 단체인 토사킨노오토오(土佐勤王堂 : 타케찌즈이잔武市瑞山이 존왕양이를 내걸고 하급무사, 향사, 농민 등을 주축으로 하여 결성)에 들어가 활동. 1862년 토사한 정책에 반대하여 뛰쳐나와 떠돌이 무사(浪人)가 된 후, 같은 해 에도 정부의 軍艦奉行(해군 군비 강화를 위해 에도 정부가 1859년 설치한 직. 군함 구입, 건조, 훈련 등 담당)인 카쯔카이슈우(勝海舟)의 수하로 들어가, 그를 도와 코오베(神戶)의 해군훈련소 설립에 진력. 그러나 이곳이 1865년에 폐쇄되자, 사이고오타카모리(西鄕隆盛)를 찾아가 그의 도움으로 사쯔마한에서 보호 및 원조를 받아 콘도오쵸오지로오(近藤長次郎) 등과 반정부 결사인 샤츄우(社中)를 조직하고 해운 무역업에 종사하면서 1866년 사쯔마한과 쵸오슈우한의 동맹 체결을 중개하여 반정부파 결집에 성공. 에도 정부가 두 번째로 쵸오슈우한을 정벌할 때, 쵸오슈우한의 해군을 지휘. 1867년 고토오쇼오지로오(後藤象二郎 : 토사한 출신으로서 야마노우찌토요시게山內豊信에게 大政奉還을 진언)를 만나, 토사한에서 뛰쳐나온데 대한 죄를 사면받고, 반정부 결사 단체인 샤츄우(社中)를 카이엔타이(海援隊)로 개칭 발전시킴. 또한 에도 정부의 정권 반납, 의회 설치, 大典 제정, 해군 확장, 불평등조약 개정, 왕을 호위하는 御親兵 설치, 금은 교환율 변경을 근간으로 하는 船中八策을 쿄토로 가는 배 안에서 구상. 하지만 이 해에 쿄토에서 나카오카신타로오(中岡愼太郎)와 함께 암살 당했다.

78) 1838~1867. 에도 말기 토사한(土佐藩) 출신. 존왕양이파로서 이름은 道正. 1861년 타케찌즈이잔(武市瑞山)이 결성한 토사킨노오토오(土佐勤王堂)에 참여. 1866년 사카모토료오마(坂本龍馬)와 함께 사쯔마한과 쵸오슈우한의 동맹 성립에 성공. 1867년 에도 정부에 대항하는 군대인 리쿠엔타이(陸援隊)를 조직하였으나 사카모토(坂本)와 함께 쿄토에서 암살 당했다.

79) 1866년 1월 21일(양력 3월 7일) 동맹 체결

당시 이들 두 지역의 반정부 세력은 요직을 장악하여 권력을 잡고 민중을 이용하여 에도 정부 전복을 도모하고자 하였다. 그런데 사쯔마한에서는 친정부 세력이 건재하여 어떠한 독자적 군사 조직도 없었던 반면, 쵸오슈우한에서는 쵸오슈우한쇼타이(長州藩諸隊)[80]와 같이 에도 정부에 대항하는 독자적 군사 조직을 갖추기에 이르렀다[81].

코쿠가쿠샤(國學者)

일본 토속 신앙인 신도를 바탕으로 하여 제정일치(祭政一致)의 왕정복고 사회를 이루고자 한 배타적 국수주의자들인 코쿠가쿠샤는 에도 시대 말기의 반정부 세력과 이들 세력에 의해 수립된 메이지 정부의 사상적 지주 역할을 하였다[82].

그 대표적인 인물을 살펴보면, 모토오리노리나가(本居宣長, 1730~1801)의 경우에는 35년 동안 『古事記』[83] 연구에 몰두하여, 『古事記傳』 48권을 출간하고 자국을 낮추는 태도에 대해 반성을 촉구하였다. 그를 이어 히라타아쯔타네(平田篤胤, 1776~1843)는 외국에서 들어 온 유교

---

80) 에도 말기에 쵸오슈우한(長州藩)에서 그 실권을 장악한 반정부 세력이 만든 전투 부대. 1863년 6월에 타카스기 신사쿠(高杉晋作)가 농민과 상인 등으로 창설한 키헤이타이(奇兵隊)가 유명하지만, 이외에도 미타테타이(御楯隊), 코오죠오타이(鴻城隊), 유우게키군(遊擊軍), 난엔타이(南園隊), 요오쵸오타이(膺懲隊), 하찌만타이(八幡隊), 미나미키헤이타이(南奇兵隊), 슈우기타이(集義隊), 오기노타이(荻野隊), 기유우타이(義勇隊) 등 다수 있다(http://www.bakusin.com/eiketu/syotair7.html 참조). 신분에 관계없이 서민도 참가한 것이 특징이며, 제이 차 쵸오슈우(長州) 정벌과 보신(戊辰) 전쟁(1868년 1월 3일의 토바鳥羽·후시미伏見 전투로부터 1869년 5월 18일 하코다테 고료오카쿠五稜郭 전투에서 독립국인 에조가시마 공화국을 세운 에노모토타케아키榎本武揚 등이 항복할 때까지 에도 정부군과 메이지 정부군 간의 전쟁)에서는 쵸오슈우한의 정규군으로 활약한 반정부 세력의 최강 군대였다. 메이지 정부 성립 후 1869년부터 1870년에 걸쳐 그 일부가 상비군으로 재편성되자 이에 반대하여 반란을 일으켰으나, 키도타카요시(木戸孝允 1833~1877)에 의해 진압되었다.
81) 井上淸, 앞의 책, p.106 참조
82) 메이지 정부의 사상적 근간을 이루는 핵심 세력인 코쿠가쿠샤는 폐쇄적이고 국수주의적 역사관을 지닌 자들로서, 오늘날 일본 역사가들이 지닌 왜곡된 역사관의 실체 및 일본 정부의 정책 방향을 제대로 이해하기 위해서는 이들에 대한 철저한 연구가 필수적이다.
83) 3권으로 구성된 신화적 내용의 일본 역사서. 텐무(天武 673~686 재위)왕의 명으로 히에다노아레(稗田阿禮)가 반복하여 외운 帝紀 및 선대의 舊辭를 오오노야스마로(太安万侶)가 겐메이(元明 707~715 재위)왕의 명을 받아 찬록(撰錄)하여 712년 헌상. 상권은 천지개벽부터 우가야후키아에즈노미코토(鵜葺草葺不合命)까지, 중권은 진무(神武)왕부터 오오진(應神)왕까지, 하권은 닌토쿠(仁德)왕부터 스이코(推古 592~628 재위)왕까지의 기사 및 신화·전설과 다수의 가요를 포함하여 수록

와 불교를 배척하고 일본을 만국의 으뜸으로 주장하기에 이르렀다.

히라타아쯔타네와 친교가 있던 하나와호키이찌(塙保己一, 1746~1821)는 1,270종에 이르는 많은 분량의 『群書類從』[84]을 편찬하였다.

이외에도 반노부토모(伴信友, 1773~1846)[85], 후지타유우코쿠(藤田幽谷, 1774~1826)와 후지타토오코(藤田東湖, 1806~1855) 부자[86], 요시다쇼오인(吉田松陰, 1827~1856)[87] 등 국왕 옹립 세력이 계속하여 나타났다[88].

이들 중 반정부 세력 지도자를 양성하였던 요시다쇼오인은 강대국인 미국과 러시아와 관계를 두텁게 하는 가운데 국력을 배양하면서 손실을 보는 부분을 조선과 만주를 쳐서 보상받도록 해야 할 것이라고 주장하며 정한론(征韓論)[89]의 근거를 만들었고, 결국 이는 키도타카요시(木戸

---

[84] 1819년에 편찬되었으며, 에도 정부와 다이묘오는 물론 사찰과 진쟈 등과도 협력하여 에도 시대 초기까지 간행된 사서와 문학 작품을 수록하고 있음

[85] 고전에 두각을 나타내었고, 약 300권에 이르는 저서를 남김

[86] 둘 다 미토한(水戸藩)의 가신(藩士)으로서 미토학파(水戸學派) 유학자

[87] 1830~1859. 에도 말기 왕정복고주의자. 스기쯔네미찌(杉常道)의 2남. 일반적으로 토라지로오(寅次郎)라고 함. 쵸오슈우한(長州藩) 출신. 1856년 자택 내에 사립 교육 시설인 쇼오카손쥬쿠(松下村塾)를 열어, 타카스기신사쿠(高杉晋作), 쿠사카겐즈이(久坂玄瑞, 1840~1864, 킨몬노헨禁門の變을 지도하다가 부상당한 후 자살), 이토오히로부미(伊藤博文, 1841~1909) 등 존왕양이파 지도자를 다수 교육. 1858년(安政 5) 에도 정부가 구미 5개국과 맺은 통상조약인 안세이고카코쿠(安政五か國)조약 조인에 반대하고 양이를 주창하다가 하옥된 후, 이들 존왕양이 세력에 대하여 이루어진 대규모 탄압인 안세이노타이고쿠(安政の大獄)에 연루되어 처형됨. 高柳光壽·竹内理三, 앞의 책, p.980~981

[88] 櫻井匡, 앞의 책, p.3~4, 雲藤義道, 앞의 책, p.16, 井上淸, 앞의 책, p.95, 高柳光壽·竹内理三, 앞의 책, p.351 참조

[89] 메이지 정부는 정한론을 기본 방침으로 하여 대 조선 침략 정책을 준비하고 있었는데, 주요 계파 간 먼저 자신들의 정권 강화 수단으로 이를 이용하려 함에 따라 투쟁이 일어났다.
우선 1869년부터 1871년에 키도타카요시(木戸孝允)·오오쿠보토시미찌(大久保利通)·오오쿠마시게노부(大隈重信) 등이 조선 침공을 계획하였다. 이때 무사 중심의 정권 수립을 목표로 하였던 사이고오타카모리(西鄉隆盛)는 외정(外征)보다는 내치(內治) 정비가 급선무라는 이유를 들어 이에 반대하였다. 무사의 입지가 약화되는 상황 속에서 조선 침공을 통해 이들에게 일자리를 마련해 주고, 이를 통해 역으로 일본 내 개혁 단행을 하기 위한 활로로 자신이 이용하기 위함이었다.
이후 사이고오타카모리는 1873년 5월 조선 부산의 지방관이 일본인의 밀무역 단속 포고를 낸 것을 기회로 삼아 일본을 깔보는 字句가 있다는 이유를 들어, 이해 8월 3일 산죠오사네토미(三條實美) 太政大臣에게 편지를 보내 침공의 때가 이르렀음을 밝혔다. 그리고 우선 조선에 죄를 묻는 사절을 보내면 조선 정부에서 필시 그 사절을 죽이려할 것이 틀림없을 것이므로, 그 때를 기다려 조선에 원정군을 보내면 되는데, 이 사절에 자신이 임명되기를 원하며, 이렇게 하면 반드시 전쟁으로 끌어들인다고 산죠오사네토미와 이타가키타이스케(板垣退助 1837~1919)에게 역설

孝允)⁹⁰⁾ 등 그의 제자들에 이어져 국가의 기본 방침이 되었다⁹¹⁾.

  이들 코쿠가쿠샤는 반정부 세력이 에도 정부에 맞설 수 있는 사상적 근간을 제공하였으며, 에도 정부와의 전쟁에서 승리하여 왕정복고에 성공한 후에는 메이지 정부의 정책 수립에 지대한 영향을 미쳤다⁹²⁾.

    하였다. 이 의견은 閣議에서 채택되어, 遣韓 사절에 그가 가는 것으로 결정되었고, 국왕의 재가도 받았다.
    하지만 사이고오타카모리의 계획을 간파한 키도타카요시 · 오오쿠보토시미찌 · 이와쿠라토모미(岩倉具視) 등은 내치(內治) 개량이 급무라는 이유를 들어 그의 정한론에 맹렬히 반대하여 마침내 사절을 파견하는 건을 뒤집었고, 사이고오타카모리 지지 세력을 실각시켰다. 이와 관련해서는 井上淸, 앞의 책, p.146~148 참조

90) 1833~1877. 쵸오슈우한(長州藩)의 가신(藩士). 카쯔라코고로오(桂小五郎)라고 불렸고, 후에 키도(木戶)로 성을 바꿈. 호는 쇼오키쿠(松菊). 존왕양이파 핵심 인물로서 방화, 암살, 유괴 등 민심 교란을 위한 반정부 활동을 결행하였고, 사쯔마한과 쵸오슈우한 간의 동맹(薩長同盟)을 주도. 이후 메이지 정부의 중심 인물이 되어 版籍奉還(1869년 각 지방 정부의 책임자들이 소유하고 있던 영지와 민중을 조정에 반납)과 廢藩置縣(1871년 메이지 정부가 전국의 봉토를 폐지하고, 縣을 설치한 행정적 개혁)을 추진

91) 앞의 책, p.150 참조. 요시다쇼오인(吉田松陰)은 투옥 중「同志 일치의 의견」으로서 묘에게 보낸「獄是帳」에 이르기를, 「러시아와 미국과의 강화 확실히 그렇게 정해져 있는 것, 나부터 이를 깨뜨려 믿음을 이적(夷狄)에게 잃어서는 안 된다. 오직, 규정을 엄히 하고 신의를 두터이 하여, 그 기간을 이용해 국력을 배양하고, 취하기 쉬운 쪽인 조선 · 만주를 쳐서 복종시키며, 교역으로 러시아와 미국에 잃는 부분은 또 토지로서 조선과 만주에서 보상해야 할 것」이라고 밝히고 있다.

92) 제이 차 세계대전이 끝난 후 미군 당국이 일본을 통치하기 위해 전범임에도 메이지 정부 당시의 인사들을 그대로 채용하면서, 메이지 정부의 사상적 지주 역할을 하여 온 이들 코쿠가쿠샤의 역사 인식도 큰 변화 없이 그대로 이어졌고, 이에 따라 과거 행위에 대한 반성이 전혀 없는 역사 교과서 문제, 독도 문제 등이 발생하게 된 바, 이들에 대한 이해는 현 집권 세력의 역사 인식 규명과 향후 일본 정부의 정책 방향을 가늠하는 데 매우 중요하다고 하겠다.

2-3 에도 정부의 몰락과 메이지 정부의 성립

　에도 정부는 1864년에 대군을 동원하여 쵸오슈우한(長州藩)에서 세력을 키워가던 반정부 세력에 응징 조치를 취한 후 철군하였다[93]. 하지만 1865년 쵸오슈우한에서 쿠데타가 일어나 반정부 세력 근거지로 바뀜에 따라 이를 다시 정벌하기 위해 1866년 초부터 각 지방에 군사 동원령을 내렸다.

　그런데 이에 앞서 기근과 지진 등 자연 재해 발생과 과중한 조세 및 개항에 따른 물가 급등 등으로 인해 전국 각지에서는 수년 전부터 농민 봉기의 기운이 크게 고조되고 있었다. 이런 상황에서 이처럼 군사 동원령 하달과 더불어 쵸오슈우한(長州藩) 정벌에 필요한 막대한 군자금이 부과되고 그 과정에서 쌀값이 폭등하게 되면서, 이에 반발하여 1866년 5월 효오고(兵庫)[94]에서 격렬한 약탈 파괴 행위를 동반한 민중 봉기가 일어났다. 이는 니시노미야(西宮)[95]를 거쳐 오오사카(大阪, 大坂)에 이른 후, 킨키(近畿)[96]와 토오카이(東海)[97]의 각 도시로 퍼져 나갔고,

---

93) 주석 75) 참조할 것
94) 킨키(近畿) 지방 북서부의 縣. 현재의 코오베(神戸)
95) 효오고(兵庫) 동남부, 현재 오오사카와 코오베의 거의 가운데 있는 시
96) 교토를 중심으로 한 지방으로, 오늘날 교토(京都)・오오사카(大阪)・효오고(兵庫)・나라(奈良)・와카야마(和歌山)・시가(滋賀)・미에(三重)를 말함
97) 이바라키켄 동부, 태평양에 면한 마을

5월 말에는 에도에서 대규모 민중 봉기가 일어났다. 뒤이어 무사시(武藏)[98]에서 코오즈케(上野)[99]에 걸쳐 격렬한 봉기가 일어났는데, 빈농(貧農)과 수공업 노동자 및 공장(工匠)이 주축이 되어, 지방관의 집무 관청(代官所)[100]과 고리대금업자의 주택 등을 파괴하였고, 토지대장과 빚문서를 불태웠다.

전국적인 민중 봉기와 정부에 대한 민심 이반에 위기 의식을 느낀 각 지방 정부의 책임자들은 쵸오슈우한(長州藩) 정벌을 그만둘 것을 주장하였지만, 이해 6월에 에도 정부는 군사를 일으켜 쵸오슈우한으로 공격해 들어갔다. 하지만 쵸오슈우한 소속 군대와 이 지역 민중의 필사적 저항으로 각 전선에서 어려움에 처하였고, 이해 7월이 되어 무력 응징을 주도하였던 에도 정부의 최고 통치자 토쿠가와이에모찌(德川家茂)[101]가 병으로 사망하는 악재를 만났다. 이러한 가운데 그 뒤를 이어 통치자가 된 토쿠가와요시노부(德川慶喜)[102]의 결정에 따라 쵸오슈우한에서 정부군은 철수하였다.

한편 이해 12월 교토의 왕궁에서는 반정부 세력을 탄압해 온 코오메이(孝明, 1831~1866)왕이 독살 의혹 속에 36세를 일기로 갑자기 사망하고[103], 메이지왕이 그 뒤를 이어 15세에 즉위하는 사건이 발생하면서, 교토 조정 내 정세는 급변하여 반정부 세력에게 매우 유리하게 되었다. 반정부 세력은 1863년 8월 당시 코오메이왕의 정부 지지로 정변에 실패했던 경험[104]을 되새겨 왕실을 확실하게 장악하고서, 3품 이상의 자파 소속 고관(公卿)[105]으로 하여금 반정부 세력의

---

98) 지금의 도쿄(東京都)와 사이타마켄(埼玉縣) 및 카나가와켄(神奈川縣) 동부에 걸친 지역으로 부슈우(武州)라고도 함
99) 현재의 군마켄(群馬縣) 전역에 해당
100) 에도시대에 중앙 정부 직할지를 다스리던 지방관인 다이칸(代官)이 정무를 집행하는 관청
101) 14대 쇼오군(將軍). 주석 55) 참조
102) 15대 쇼오군. 재위 1866~1867. 토쿠가와나리아키(德川齊昭)의 7남
103) 반정부파가 코오메이왕을 독살한 의혹이 짙음을 井上清(앞의 책, p.111)은 밝히고 있다.
104) 1863년 8월 18일 에도 정부 측에서 쵸오슈우한을 중심으로 한 반정부 세력을 교토에서 추방한 사건. 그 전에 존왕양이파인 이들 반정부 세력이 크게 두각을 나타내면서 조정을 움직여 코오메이왕으로 하여금 외국을 배척하고 직접 통치를 하는 조직을 내리게 하는데 성공하였지만, 이에 반감을 지닌 왕을 위시하여 에도 정부 측이 교토 조정 내부에서 군사를 일으켰고, 그 결과 산죠오사네토미(三條實美) 등 존왕양이파 고관(公卿) 7명이 쵸오슈우한으로 도주했다.
105) 교토 조정의 3품 이상 고관으로서, 코오케이 또는 쿠교오라고 한다. 公은 太政大臣과 左·右大臣을, 卿은 다이나곤(大納言)·츄우나곤(中納言)과 산기(參議 : 太政官에 설치된 관직으로 左右大臣에 이어, 정삼품에 상당. 1885년 폐지) 및 3품 이상의 조정 관료를 말하며, 이들 모두를 公卿이라고 한다.

주요 두 축인 쵸오슈우한(長州藩)과 사쯔마한(薩摩藩)의 책임자들에게 에도 정부를 토벌하라는 왕의 밀지를 내리도록 하는 계획을 꾸몄다.

이러한 반정부 세력의 움직임을 감지한 에도 정부의 통치자 토쿠가와요시노부는 토사한(土佐藩)의 전임 책임자였던 야마노우찌토요시게(山內豊信)의 조언에 따라 자신이 실권을 그대로 장악하면서도 형식상 국왕에게 정권을 넘기는 책략으로 두 세력간 군사 충돌의 빌미를 없애고자 하였다. 이에 따라 1867년 10월 14일 교토 조정에 정권 반납을 청원하였고(大政奉還)[106], 다음날 조정에서 이를 받아들임에 따라 에도 정부를 공격할 구실이 없어졌다.

하지만 반정부 세력의 사이고오타카모리(西鄕隆盛)[107]·키도타카요시(木戶孝允)[108]·오오쿠보토시미찌(大久保利通)[109] 등은 토쿠가와요시노부가 정권 반납 청원을 한 14일 아침, 일찍감치 자

---

106) 타이세이호오칸(大政奉還)이라고 하며, 1867년 10월 14일에 에도 정부의 제15대 쇼오군 토쿠가와요시노부(德川慶喜)가 조정에 정권 반납을 신청하여, 다음날 15일 조정에서 이를 받아들인 정치 사건(高柳光壽·竹內理三, 앞의 책, p.578~579). 토쿠가와요시노부는 에도 정부 토벌 계획의 구실을 없애기 위해 大政奉還을 하였으나, 반정부 세력은 정부 전복 계획에 따라 大政奉還이 성립하였음에도 불구하고 에도 정부를 토벌하라는 왕의 밀칙을 손에 넣었다.

107) 1827~1877. 통칭 키찌노스케(吉之助)라고 하며, 호는 난슈우(南洲). 사쯔마한(薩摩藩)에서 하급 가신 자제로 태어나 1854년 이 지역 책임을 맡은 시마즈나리아키라(島津齊彬)에게 발탁되어 그의 측근으로 활약. 14대 쇼오군(將軍) 후계 문제에서 시마즈나리아키라를 따라 토쿠가와요시노부(후에 15대 쇼오군이 됨)를 추대하였다가 오오시마(大島)에 유배되었고, 1862년 사면되어 존왕양이파로서 활동하던 중 시마즈히사미쯔(島津久光)에 의해 재차 유배. 1864년 사쯔마한에 돌아온 후에는 킨몬노헨(禁門の變)과 제일 차 쵸오슈우(長州) 정벌에서 에도 정부 편에 섰으나, 제이 차 쵸오슈우(長州) 정벌 때부터는 반정부 세력의 지도자로서 사쯔마한(薩摩藩)과 쵸오슈우한(長州藩) 간의 동맹, 왕정복고, 그리고 보신(戊辰) 전쟁을 주도하였으며, 또 사쯔마한의 정치 개혁에도 참여. 1871년 메이지 정부의 參議(太政官에 설치된 관직으로 左右大臣에 이어, 정삼품에 상당. 1885년 폐지)가 되어 廢藩置縣(1871년 메이지 정부가 전국의 봉토를 폐지하고, 縣을 설치한 행정적 개혁)을 수행했으나, 1873년 征韓論(주석 89 참조)을 둘러싼 권력 투쟁에서 패하여 하야한 후, 카고시마(鹿兒島)의 사립학교를 중심으로 한 士族層의 추대를 받아 1877년 西南戰爭을 일으켰고, 이 전쟁에서 패하자 城山에서 자결. 高柳光壽·竹內理三, 앞의 책, p.391

108) 주석 90) 참조

109) 1830~1878. 사쯔마한(薩摩藩)의 가신(藩士)으로서, 이찌조오(一藏)라고 불렸고, 호는 코오토오(甲東). 동향인 사이고오타카모리와 결탁하여 1861년에 사쯔마한의 정치 개혁에 참여하였으며, 사쯔마한의 책임을 맡은 시마즈히사미쯔(島津久光) 밑에서 公武合體 활동에 진력하였으나, 케이오오(慶應 1865~1868)기에 반정부 활동으로 전환. 쵸오슈우한(長州藩)과의 반정부 세력 동맹을 계획하여 성공하였고, 이와쿠라토모미(岩倉具視) 등과 왕정 복고 실현을 획책. 메이지 정부에서 산요(參與: 왕정복고에 따라 설치된 관직으로, 三職 중 한가지. 公卿 및 雄藩의 代表者 가운데 임명됨. 1869년 폐지)와 산기(參議: 太政官에 설치된 관직으로 左右大臣에 이어, 정삼품에 상당. 1885년 폐지)로 임명됨. 版籍奉還과 廢藩置縣을 단행하였고, 大藏省 장관인 오오쿠라쿄오(大藏卿)가 됨.

파의 고관(公卿)들을 동원하여 메이지(明治)왕에게서 정부를 토벌하도록 하는 밀지를 받아 두었다. 또 15일 이후에도 군사를 일으킬 구실을 만들고자, 교토와 오오사카 및 에도에서 온갖 방법으로 에도 정부를 자극하는 한편으로, 내란을 조장하여 주요 지역에서 에도 정부의 정보 수집 기능을 마비시키면서 쿠데타 준비를 진행하였다[110].

마침내 1867년 12월 9일(양력 1868년 1월 3일) 반정부 세력은 교토 조정에서 쿠데타를 일으켜, 쇼오군(將軍) 제도 폐지와 왕정복고(王政復古)를 선언하였다. 이날 곧바로 소오사이(總裁)[111], 기죠오(議定)[112], 산요(參與)[113]의 세 관직이 중심이 된 메이지(明治)왕 옹립 정부[114]를 조직하였고, 사이고오타카모리(西鄕隆盛) 등 산요가 이 새로운 정부의 실권을 장악했다. 당일 밤 이들 쿠데타 세력은 회의를 개최하여 야마노우찌토요시게(山內豊信)[115] 등의 반대를 물리치고, 토쿠가와요시노부에게 최고 통치자로서의 직위 포기 및 영지를 새로 성립된 메이지 정부에 반납할

    1871년 이와쿠라토모미 사절단에 수행함. 귀국 후 무사 중심의 정권 수립을 목표로 하였던 사이고오타카모리(西鄕隆盛) 등을 실각시키고, 內務省 장관인 나이무쿄오(內務卿)로서 정부 내 중심 인물이 되어 오오쿠마시게노부(大隈重信)・이토오히로부미(伊藤博文) 등과 지조(地租) 개정과 식산흥업 정책을 추진. 西南전쟁을 진압한 다음 해인 1878년에 시마다이찌로오(島田一郞) 등에게 암살 당함. 高柳光壽・竹內理三, 앞의 책, p.137

110) 1867년 10월 하순, 교토와 오오사카로부터 토오카이도오(東海道)와 에도(江戶)에 걸쳐서, 또 코오후(甲府)와 아와(阿波)의 토쿠시마(德島)에서 이세진구우(伊勢神宮)와 그 외의 진쟈 이름을 쓴 부적을 뿌리고, 이를 주운 자는 행복하게 된다고 하여, 민중이 가두에서 어지럽게 춤추는 큰 소동이 일어났다. 민중은「좋지 않은가 좋지 않은가」라고 하는 후렴을 붙인 문구를 외치면서, 낮이나 밤이나 미친 듯 춤추기 시작했고, 반정부 세력은 이것을 최대한 조장하여, 1개월 여에 걸쳐서 교토와 오오사카・에도・요코하마・나고야와 그 외에 당시 정치적으로 가장 중요한 지역에서 에도 정부의 군사・경찰 기능을 완전히 마비시켰다. 이 사이 반정부 세력은 쿠데타 준비를 진행하였다. 井上淸, 앞의 책, p.111~112 참조

111) 왕족 임명, 1868년 윤4월 폐지
112) 公卿과 諸侯 임명, 1869년 폐지
113) 조신(朝臣)・藩士・庶人 임명, 1869년 폐지
114) 이하 메이지 정부로 서술하도록 한다.
115) 1827~1872. 에도 정부 말기 토사한(土佐藩)의 책임자. 호는 요오도오(容堂). 요시다토오요오(吉田東洋) 등을 중용하여 토사한의 정치 개혁을 단행. 1858년(安政 5) 쇼오군(將軍) 후계 문제를 맞아 히토쯔바시요시노부(一橋慶喜 : 토쿠가와요시노부를 지칭) 옹립에 진력하였으나, 이해 토쿠가와이에모찌(德川家茂) 옹립 세력에 의해 발생한 안세이노타이고쿠(安政の大獄 : 미일수호통상조약 칙허 문제와 將軍 繼嗣 문제를 둘러싸고 히토쯔바시家와 존왕양이파의 대립이 격화하는 가운데, 에도 정부가 이들에 대하여 행한 대규모 탄압)로 칩거. 1860년 해금되어 公武合體 운동을 추진하며 타케찌즈이잔(武市瑞山) 등의 존왕양이파를 탄압. 1867년 公議政體論(에도 말기 諸侯와 公卿 및 여러 한의 가신들이 참가하여 국정을 심의해야 함을 주장한 論)에 의한 에도 정부의 존속을 기도하여 15대 쇼오군 토쿠가와요시노부(德川慶喜)에게 大政奉還을 건백. 메이지 정부 때는 議定, 內國事務總督 등 역임

것을 결정했다.

　에도 정부의 통치자 토쿠가와요시노부는 이에 대해 무력 응징을 결정하였다. 이에 따라 1868년 1월 3일(양력 1월 27일) 에도 정부군은 교토 교외에 있는 토바·후시미(鳥羽·伏見)에서 사쯔마한과 쵸오슈우한의 군사를 주력으로 한 쿠데타 세력인 메이지 신정부의 군대와 격돌하였다. 이 전투에서 에도 정부군은 메이지 정부군보다 3배 이상의 병력을 거느렸지만 패하였고, 토쿠가와요시노부는 군함을 타고 에도로 퇴각했다.

　이를 지켜본 킨키(近畿)[116] 서쪽의 지방 정부 책임자들은 곧바로 에도 정부에서 이탈하여 메이지 정부에 가담했다. 메이지 정부는 에도 정부 토벌을 선언하고, 군사를 일으켜 에도로 향하였다.

　이에 오구리타다마사[117] 등 주전파가 다수를 이루고 있던 에도 정부는 협력 관계에 있던 프랑스의 원조를 받아 메이지 정부군과 결전하고자 하였다[118].

　하지만 한 해 전에 최고 통치자 자리에 올랐던 토쿠가와요시노부는 반정부 근거지인 쵸오슈우한 정벌 전쟁도 승리로 마무리 짓지 못한 채 철군을 지시하였고, 뒤이어 쿠데타로 들어선 메이지 정부군과의 초기 전투에서조차 패하여 에도로 퇴각한 상황에서 결전을 강행하기 어려웠

---

116) 교토를 중심으로 한 지방. 오늘날의 교토(京都)·오오사카(大阪)·효오고(兵庫)·나라(奈良)·와카야마(和歌山)·시가(滋賀)·미에(三重)를 말함

117) 1827~1868. 에도 말기의 중앙 정부 관료. 에도(江戶) 사람. 1859년 감찰관(目付)으로서 1860년 미일수호통상조약 비준서 교환을 위해 使節 正使인 신미마사오키(新見正興)·使節 副使인 무라가키노리마사(村垣範正)와 함께 미국에 건너 감. 귀국 후, 外國奉行·軍艦奉行·勘定奉行을 역임. 케이오오(慶應 1865.4.7~1868.9.8)기에 프랑스와 협력 관계를 맺어 중앙 정부의 재정과 서양식 군대 창설 등을 통해 에도 정부 개혁에 진력하였고, 사쯔마한과 쵸오슈우한의 타도를 계획하였으며, 보신(戊辰) 전쟁에서는 항전을 주창하였으나, 메이지 정부군에 체포되어 처형됨

118) 에도 정부는 프랑스와 협력하고, 쿠데타 세력인 메이지 정부는 영국과 협력하였던 역사적 사실로 인해, 프랑스와 메이지 정부 간 적대 관계는 오늘날에도 영향이 미치는 것을 볼 수 있다. 현 도쿄도지사인 이시하라신타로오(石原慎太郎)는 2004년 10월 19일 도청(都廳) 내 개최된 首都大學東京의 지원조직(The Tokyo U-Club) 설립 총회에서 축사를 하면서 "프랑스어는 수를 셈할 수 없는 언어이므로 국제어로서 실격인 것도 과연 그렇구나 하는 느낌이 든다. 이러한 것에 매달리고 있는 무리들이, 결국 반대를 위한 반대를 하고 있다"라고 비난한 바 있다. 또한 특례 조치로 과세 면제가 되어 오던 도쿄 내 프랑스인 학교의 토지 및 건물에 대해, 도쿄도는 고정자산세와 도시계획세 신고가 늦었다고 과거 5년치로서 약 1억엔(약 10억원)을 지불하도록 프랑스 대사관에 과세 통지하는 상황이 벌어지는 등 갈등이 이어지는 것을 볼 수 있다.

다. 그는 주전파와 의견을 달리했던 에도 정부군 지휘관인 카쯔카이슈우(勝海舟)[119]의 투항 권유에 이끌렸다.

당시는 민중의 혁명적 봉기를 모든 지배 계층이 우려하고 있었던 때로서, 메이지 정부는 물론이고, 이와 긴밀한 협력 관계에 있던 영국도 마찬가지였다[120].

이러한 상황 속에서 양측 간 타협이 이루어져, 토쿠가와요시노부는 시즈오카(靜岡)에서 80만 코쿠(萬石)를 소유한 일개 다이묘(大名)로 그 지위가 격하되는 대가로 안전을 보장받고서, 1868년 4월 에도성을 메이지 정부군에 양도하였다[121].

---

[119] 1823~1899. 에도 정부 관료. 린타로오(麟太郎)라고 불렸으며, 이름은 요시쿠니(義邦), 나중에 야스요시(安芳)로 개명. 에도(江戶) 사람으로서, 네델란드 문서를 중심으로 한 양서 번역(蕃書飜譯)에 종사하다가, 나가사키에 설립된 海軍傳習所(1855년 에도 정부가 나가사키에 개설한 해군 교육 기관. 네델란드 해군 사관이 교육 담당. 1859년 폐쇄)에 들어감. 1860년 미일수호통상조약 비준서 교환을 위해 대미 사절 수행선인 칸린마루(咸臨丸)를 지휘하여 태평양을 횡단. 에도 정부의 해군 육성에 진력. 1868년 메이지 정부군이 침공하자, 에도 정부군 지휘관을 맡아 전투 대신 요시노부에게 투항을 설득하여 에도 성문을 열게 함. 그 공으로 메이지 정부 때 海軍卿·樞密顧問官 등을 역임

[120] 내란이 혁명으로 바뀌는 것을 우려한 영국 공사 파크스(H. Parkes)의 알선으로, 제 외국은 1868년 1월 25일 국외 중립을 선언

[121] 1866년의 쵸오슈우한(長州藩) 정벌 전쟁에서 승리로 마무리 짓지 못한 채 철군을 지시하였고, 뒤이은 보신(戊辰) 전쟁의 서전인 토바·후시미(鳥羽·伏見) 전투에서도 패배하였던 토쿠가와요시노부는 프랑스의 군사적 지원과 자신을 따르는 다수 주전파의 의견을 물리치고 카쯔카이슈우(勝海舟)의 의견을 쫓아 자신의 안전을 보장받는 대가로 에도성을 개방하였음을 볼 수 있다.

사진 19 토쿠가와요시노부가 최고 통치자 자리에서 물러난 직후 머물렀던 사찰 칸에이지(寬永寺) 경내의 아오이노마(葵間) 실내
 (東京都 臺東區 上野櫻木 1-14-11, 촬영일자 2003. 9. 6)

사진 20 토쿠가와요시노부가 최고 통치자 자리에서 물러난 직후 머물렀던 사찰 칸에이지(寬永寺) 경내의 아오이노마(葵間) 실내
 (東京都 臺東區 上野櫻木 1-14-11, 촬영일자 2003. 9. 6)

최고 통치자가 적군에 투항한 가운데, 에도 정부 내 주전파는 우에노(上野) 지역에서 쇼오기타이(彰義隊)[122]라는 군대를 결성해 전투를 치르는 한편으로 칸토오(關東)[123] 각지에서 대항하였다.

사진 21 우에노 소재 사찰 칸에이지(寬永寺)의 키요미즈도오(淸水堂) 벽체에 걸린 우에노 전투 모습 (촬영일자 : 2003. 9. 6)

또 이해 5월에는 오우우(奧羽)[124]와 호쿠에쯔(北越)[125]의 30여 한(藩)이 동맹을 맺고[126], 소년

---

122) 1868년 2월 12일 결성된 군대. 대장은 시부사와세이이찌로오(澁澤成一郎). 토쿠가와씨 가문의 한 파인 히토쯔바시(一橋) 가문이 중심. 우에노(上野)에 위치한 사찰인 칸에이지(寬永寺)를 주둔소로 하여 에도 시내를 순회 경계하며, 메이지 정부군에 대항
123) 도쿄(東京) 및 주위의 카나가와켄(神奈川縣)·찌바켄(千葉縣)·사이타마켄(埼玉縣)·이바라키켄(茨城縣)·군마켄(群馬縣)·토찌기켄(栃木縣)이 점하고 있는 지역 전체를 말함. 옛날에는 사가미(相模)·무사시(武藏)·코오즈케(上野)·시모쯔케(下野)·아와(安房)·카즈사(上總)·시모오사(下總)·히타찌(常陸)의 칸토오 팔주(八州)에 해당
124) 무쯔(陸奧)국과 이데와(出羽)국으로서, 현재의 東北지방
125) 엣츄우(越中)국과 에찌고(越後)국
126) 오우우에쯔렛판도오메이(奧羽越列藩同盟)라 하며, 1868년 5월 보신(戊辰) 전쟁에서 오우우(奧羽)와 호쿠에쯔(北越)의 30여 한(藩)이 맺은 군사 동맹

부대(白虎隊)[127]까지 편성하여 맞섰지만[128], 9월에 성이 함락되면서 항복하였고, 이에 따라 일본 본토에서는 메이지 왕정 시대가 시작되었다.

한편 에도성이 메이지 정부군에게 넘어가자, 에도 정부군은 홋카이도오(北海道) 하코다테(函館)로 근거지를 옮겨 항전을 계속했다. 에노모토타케아키(榎本武揚)[129]가 인솔하는 에도 정부의 해군 주력 부대는 육군 부대의 일부 및 프랑스 군사 교관단 일부와 더불어 하코다테에 웅거하였다.

에노모토타케아키는 이곳에서 에조가시마(蝦夷島) 공화국을 세웠고, 제 외국으로부터도 사실상 독립 국가로서 인정받았다. 하지만 다음 해인 1869년 봄에 시작된 메이지 정부군의 총공격을 막아내지 못하고, 이해 5월에 항복했다[130].

메이지 정부의 집권 강화를 위한 선동 홍보 전술

철저한 정보 수집과 감시 기능 아래 260여 년 동안 군사 정권을 유지해 온 에도 정부를 무너뜨리고 메이지 정부를 수립한 주체는 기존 세력에 저항하는 소수의 반정부 세력이었다. 이들은 당시의 대내외적 사회 혼란을 적절히 이용하면서 필요에 따라 테러와 폭력을 통해 사회 혼란을 증폭시킴으로써 에도 정부의 근간을 흔들었다. 그리고 정권 교체를 위한 명분을 만들어 가는 가운데 쿠데타를 통해 교토의 왕실을 장악한 후, 에도 정부의 감시 체계를 마비시키고 군대를

---

127) 16, 17세의 소년으로 편성된 아이즈한(會津藩)의 부대. 1868년(慶應 4) 3월 아이즈한은 군제 개혁을 실시하여 양식 병제로 바꾸는 것과 함께 연령에 따라 청룡, 백호, 주작, 현무의 4부대를 편성하였으며, 白虎隊는 이들 부대의 하나. 토노쿠찌하라(戶の口原) 전투에서 패한 후, 이들 소년 대원들은 이해 8월 이이모리야마(飯盛山 : 후쿠시마켄福島縣 아이즈와카마쯔시會津若松市에 있는 산. 해발 약 380미터)에서 자결했다.
128) 이를 아이즈센소오(會津戰爭)라 한다.
129) 1836~1908. 에도 정부 말기의 관료. 통칭 釜次郎, 호는 梁川. 에도(江戶) 출신. 네델란드어로 서양 학술을 연구하였고, 네델란드 유학 후 해군 부교오(奉行)가 됨. 1868년 메이지 정부군이 에도성에 들어올 때, 해군 副總裁로서 군함 인도를 거부하고, 에도 정부군을 거느리고 퇴각하여 하코다테(箱館)에 있는 서양식 성곽인 고료오카쿠(五稜郭)로 옮겨 저항하였으나 다음 해 항복하고 옥에 갇힘. 1872년 죄가 사면되어 홋카이도오 개척에 진력. 1874년 해군 中將이 되고 特命全權公使로서 러시아에 주재하며 1875년 사할린·쿠릴열도 교환 조약(러시아와 일본 사이에 조인된 국경 확정 조약. 사할린은 러시아 영토로, 쿠릴열도는 일본 영토로 확정)을 체결. 후에 海軍卿·遞相·文相·樞密顧問官·外相·農商務相 등을 역임하였고, 子爵이 됨
130) 앞의 책, p.107~113와 高柳光壽·竹內理三, 앞의 책, p.873 및 井上淸, 앞의 책, p.115 참조

일으켜 최고 통치권자인 토쿠가와요시노부의 투항을 이끌어내었다.

하지만 여전히 에도 정부를 지지하는 기존 세력이 상당 부분 건재하였고, 대규모 민중 혁명 세력의 저항 또한 심상치 않았다.

이에 대해 메이지 정부는 이들 두 세력 간 충돌을 통해 양측 모두의 힘을 약화시키는 선동 정책을 활용했다. 즉, 민중에게 조세(年貢) 반감 등 시행 불가능한 약속을 하여 민중 세력으로 하여금 옛 에도 정부 세력을 제거하도록 선동하였고, 그 목적이 이루어지면 곧바로 민중 세력을 처단함으로써 양측의 힘을 약화시켜 나갔다.

예로써 에도 출신인 사가라소오조오(相樂總三, 1839~1868)는 토바·후시미(鳥羽·伏見)[131] 전투 후, 오오미(近江)[132]에서 농민을 주력으로 한 군대인 세키호오타이(赤報隊)를 조직하였다. 그는 메이지 정부군보다 앞서 토오산도오(東山道)[133]에 들어가 각 마을에서 그 해의 조세(年貢) 반감을 명령하며 민중을 메이지 정부 편으로 만든 후, 압력을 행사하여 소규모 지방 정부로 하여금 메이지 정부에 충성을 맹세하게 하였다. 마침내 킨키(近畿)[134] 서쪽 지역을 확보하게 된 메이지 정부는 이용 가치가 없어진 세키호오타이(赤報隊)에 대하여 이들이 관군이 아니며, 폭행과 약탈을 한다고 하는 헛소문을 유포하면서, 신슈우(信州)[135]의 각 지방 정부에 세키호오타이 체포령을 내렸고, 1868년 3월 3일 사가라소오조오 등 간부를 사형하였다[136].

또한 옛 에도 정부 영토였던 오키(隱岐)[137] 섬에서는 그 곳을 맡고 있는 마쯔에한(松江藩)[138]의 신정부에 대한 충성 여부가 분명하지 않은 동안, 메이지 정부는 마쯔에한에 대항하던 민중 봉기를 지지하였다. 그러나 마쯔에한이 메이지 정부에 충성을 맹세하자 곧바로 오키(隱岐) 도민

---

131) 1868년 1월 3일(양력 1월 27일) 교토 교외에 있는 토바·후시미(鳥羽·伏見)에서 사쯔마한과 쵸오슈우한의 군사를 주력으로 한 메이지 신정부군과 에도 정부군이 맞붙은 전투
132) 옛 나라 이름의 하나. 시가(滋賀)縣에 상당
133) 현재의 中部·關東·東北의 산지를 중심으로 하는 지대. 畿內七道(畿內·東海道·東山道·北陸道·山陰道·山陽道·南海道·西海道)의 하나
134) 교토를 중심으로 한 지방. 오늘날의 교토(京都)·오오사카(大阪)·효오고(兵庫)·나라(奈良)·와카야마(和歌山)·시가(滋賀)·미에(三重)를 말함
135) 시나노(信濃)국의 다른 이름
136) 井上淸, 앞의 책, p.121
137) 옛 지방 이름으로, 동해의 시마네켄(島根縣) 북부에 있는 섬
138) 이즈모(出雲) 시마네(島根)郡에 설치된 한(藩)

(島民)을 진압하도록 지시하였다. 그 사이 에찌고(越後)와 오우우(奧羽)의 제 지역이 항전해 옴에 따라 메이지 정부는 교토와 에찌고(越後)·이데와(出羽)의 해상교통로 요지인 오키 섬 관리를 마쯔에한에 맡긴 것에 불안을 품고, 1868년 5월 마쯔에한이 마음대로 도민을 살상하였다는 이유를 들어 이를 책하고 오키 섬 관리를 돗토리한(鳥取藩)으로 바꿔 맡긴 후, 도민 자치를 허락하였다. 이후 내란이 끝나자 신정부는 도민 자치를 재차 불허하였고, 2년 뒤 투쟁에 참여했던 도민 간부를 마쯔에한에 무력으로 반항한 죄로 처형하였다.

이외에도 1870년 11월 대규모 민중 봉기가 발생한 마쯔시로한(松代藩)[139]에서는 그 책임자가 민중의 요구를 받아들여 사건을 일단 해결하자, 중앙 정부는 탄압에 착수하여 민중 지도자 3백 수십 명을 참수 등의 형에 처하는 한편, 이 지역 책임자 등도 메이지 정부의 허가 없이 조세 경감을 한 것이 부당하다고 하여 처벌하였다[140].

이처럼 메이지 정부는 옛 에도 정부의 잔존 세력을 약화시키는데 민중을 이용하였고, 이용 가치가 떨어진 민중에 대해서는 가차없이 제거함으로써, 그 권력 강화를 도모하였다.

한편 반대 세력 제거를 추진하는 가운데 메이지 정부는 고도의 홍보 정책을 통해 재정 및 군사력 확보를 도모하였다

에도시대 이래로 납세·징병 등의 의무가 없었던 천민 세력인 에타(穢多)[141]와 히닌(非人)[142]에 대하여 메이지 정부는 1871년에 「사민(四民)[143] 평등」이라는 용어를 사용하여 이들 천민의 호칭

---

139) 시나노(信濃)국 하니시나(埴科)郡에 설치된 한(藩)
140) 앞의 책, p.122 및 125~126
141) 에도 시대에 천업에 종사하던 사람들
142) 에도 시대에 에타와 함께 최하층에 속해 천시되었던 사람들. 생산적인 직업에 종사하는 것이 허락되지 않았고, 히닌가시라(非人頭 : 히닌의 長)의 지배를 받으며, 뇌옥과 처형장에서 잡역과 비속한 遊藝 등에 종사
143) 王族, 華族, 士族, 平民의 네 신분 계층. 이와 관련하여 최상위인 王族보다 하위이지만 士族보다 상위에 속한 특권 신분 계층인 華族은 1869년 版籍奉還(각 지방 정부의 책임자들이 소유하고 있던 영지와 민중을 조정에 반납) 후 옛 코오케이(公卿, 3품 이상 고관)와 다이묘오(大名, 각 지방의 책임자)에게 처음에 부여되었으나, 이후 국가에 공헌한 군인과 관리 등도 그 대상이 됨. 1884년 華族令에 의해 이들에게는 公爵, 侯爵, 伯爵, 子爵, 男爵의 다섯 작위 중 하나가 수여됨. 또한 이 때 옛 무사(武士) 신분이었던 자들에게 부여되었던 士族은 華族보다 하위이지만 平民보다 상위 신분으로서 처음에 군비(軍備)를 맡아 녹봉을 받는 등의 특권을 지녔으나, 1873년 1월 징병령 등을 거치면서 나중에는 어떠한 신분상 특권도 없게 됨. 제이 차 세계 대전에서 일본이 패망한 후, 1947년 호적법 전면 개정 때 폐지됨

을 폐지하고 평민과 그 신분 및 직업을 같은 것으로 하면서, 모두가 평등한 사회인 것처럼 홍보하였다.

하지만 이것은 실제로 사회적 제도를 평등화하기 위한 것이 아니었고, 단지 이들로부터 납세·징병 등의 의무를 부담시켜 국가 재정을 늘리고 군사력을 확보하기 위한 것이었다.

이들은 실제 생활에서 직업의 자유도 거주의 자유도 없었고, 자연히 옛 신분과 결부된 특정 주소와 수공업에 얽매였으며, 계속 차별 천시되었는 바[144], 피지배자에 대한 메이지 정부의 치밀한 홍보 정책의 한 단면을 잘 살펴볼 수 있다.

---

144) 앞의 책, p.128~129

근대 일본 사회와 문화
Society and Culture of Modern Japan

메이지 시대의 일본 불교는 국가의 신도 국교화 정책에 따른 불교 말살책으로 인해 존속이 어려운 상황을 맞았으나, 에도 시대 이래로 기독교 유입을 저지해왔던 역할에 대한 필요성을 인정받아 살아남을 수 있었다. 하지만 종교로서의 기능과 본질을 상실한 채, 사회·경제적으로 크게 쇠퇴하기에 이르렀다.

제 3 장

신도 국가를 꿈꾼 메이지 정부

| 사진설명 |
아사쿠사진쟈(淺草神社) 하이덴(拜殿) 전면 중앙간에서 본 실내
(東京都 臺東區 淺草 2-3-1, 촬영일자 : 2004. 5. 8)

1649년 재건된 이 진쟈는 스미다가와(隅田川)에서 관음상을 발견한 하지노나카토모(土師中知)와 히노쿠마노하마나리(檜前浜成) 및 타케나리(竹成) 3형제를 주요 신으로 안치하여 사찰 센소지(淺草寺, 東京都 臺東區 淺草 2)를 수호하는 역할을 맡았으며, 메이지 정부의 神佛分離令에 따라 센소지와 분리되기 전까지 센소지의 승려가 이곳에서 독경을 행하였다. 1868년 三社明神로 이름이 바뀌었고, 1873년에 재차 淺草神社로 이름이 바뀌었다.

제3장

신도 국가를 꿈꾼 메이지 정부

3-1 메이지 정부의 신도 국교화 정책

1868년 메이지왕을 옹립한 세력이 에도 정부와의 전쟁에서 승리하면서, 메이지(明治) 왕정 시대가 시작되었다.

메이지 정부는 신도(神道)를 국교로 하는 제정일치(祭政一致)의 왕정복고 국가를 지향하였다. 이에 따라 오랜 옛날의 제정일치 사회에서 설치되었던 나라의 제사와 진쟈(神社)[145] 행정을 담당한 관청인 진기칸(神祇官)[146]을 다시 설치[147]하는 포고를 정부 성립 초기인 1868년 3월 13일(양력 4월 5일)에 발포하였다.

---

[145] 신도(神道)에서 신령을 봉안하기 위한 상설 시설. 神社에서 주요 요소는 神體로서의 나무·돌·산 등의 자연물, 그 외 거울 등 神의 대체물, 그리고 담 또는 注連繩(경계를 나타내고 출입 금지 표시를 위해 늘어뜨린 줄으로 둘러싼 지역이다. 그 유래에 따라 씨족 선조를 봉안한 氏神 계통, 거주지를 수호하는 神 계통, 특정 지역을 수호하는 鎭守神 계통, 원령을 위무하는 것 그리고 위인을 찬양하는 것 등으로 나뉜다. 建築大辭典, 彰國社, 1988, p.747

[146] 神祇官은 옛날 大寶令(701년에 제정한 律 6권 令 11권의 大寶律令 가운데 令의 부분)에 의해 규정되었던 것으로, 국가의 제사와 神社 행정을 담당하는 관청이며, 太政官에 소속되지 않고 宮城 안에 설치되어 있었으나, 應仁의 亂(1467~1477) 후, 폐하여 없어진 상태였다(櫻井匡, 明治宗敎史硏究, 春秋社, 1971, p.14). 이를 1868년 3월 13일(양력 4월 5일)에 다시 설치하였다.

[147] 神祇官 再興은 일본 古來의 신도(神道)를 선포하고, 이를 국교로 하기 위해서였다(櫻井匡, 앞의 책, p.13~15). 이 의도에 따라 이미 1868년 정월 17일에 七分科의 制를 두면서 祭祀 諸社 宣敎 祝部 神部 등을 담당하는 행정 기관으로서 神祇科를 두었고, 이해 2월 3일에 직제 개정을 통해 7科를 7局으로 하면서 神祇科를 神祇事務局으로 개정하였다. 이후 1869년 3월 10일(양력 4월 21일), 太政官에 敎導取調局을 설치하여 지방 행정을 참가시켜 신도 국교화를 추진하였다.

이 포고를 통해 우선 진기칸을 재설치하여 전국에 있는 진쟈의 신관을 모두 진기칸 아래 소속하게 하고, 진쟈의 국가적 지위를 공인하였다.

이어 이달 17일자로 전국의 진쟈에 승려(社僧) 소속을 금하는 명령을 내리면서, 진쟈에 소속한 승려(別當, 社僧)[148]에게는 모두 환속하고 이들이 보유한 위계(僧位)와 관직(僧官)을 반납하며 정부 지시를 기다리도록 하였다. 이로써 에도 시대 이래로 진쟈에 부속하여 지은 사찰(別當寺)에 있는 승려(別當, 社僧)가 실질적으로 진쟈를 지배해 온 것을 금지하였다.

이렇게 하여 진쟈와 신관을 완전히 불교계의 지배로부터 벗어나게 하였고, 신기(神祇)[149] 중심의 종교 정책을 통해 신도 국교화 정책을 추진하였다[150].

그리고 국왕을 진쟈(神社)에 봉안하고, 신죠오사이(新嘗祭)[151]와 키겐세쯔(紀元節)[152] 및 텐쵸오세쯔(天長節)[153]를 제정하는 등 신도를 국교로 하여 제정일치(祭政一致) 국가를 만들기 위한

---

148) 이들 승려는 진쟈 제사를 불교식으로 거행하는 역할을 담당함
149) 천신지기, 즉 하늘의 신령과 땅의 신령을 뜻하는 바, 불교 도입 이전에 존재하여 왔던 전통 종교인 신도(神道)를 말함
150) 雲藤義道, 明治の佛敎-近代佛敎史序說, 現代佛敎叢書, 1956, p.22~23 참조
151) 왕이 신곡(新穀)을 神에게 바치고 자신도 먹는 궁중 의식의 하나인 新嘗祭는 코오교쿠(皇極)여왕(642~645 재위) 이래로 神宮祭祀令에 의해 매년 거행된 大祭였으나 고하나조노(後花園)왕(1428~1464 재위) 이후 중단된 것을 재흥한 것(11월 23일 시행). 櫻井匡(앞의 책, p.19)은 1869년 11월에 발포된 新嘗祭에 대한 포고문(來ル十八日新嘗祭ニ相當リ、御祭ハ於敎師被爲行候ヘ共主上御遙拜被爲在候、右條ノ儀ハ先皇國ノ稻穀ハ、天照大神顯界蒼生ノ食而可活モノナリト詔令アラセラレ於天上狹田長田ニ令指給ヒシ稻ヲ、……)에 대해 다음과 같이 밝히고 있다. "이 포고문에서는 新嘗祭의 의의와 유래를 상세하게 기록하였는데, 이것에 의해서도 정부가 당시 왜 어떤 방법으로 神祇를 중요시하였는가를 알 수 있다. 이것 모두 神道國敎化에 연속해 있는 것이다. 大敎宣布, 鎭祭詔도, 三神奉祀도 이것이다. 1871년 9월 禁苑에 神殿을 조영한 것도, 또 진무(神武)왕을 神祇官에 봉사(奉祀)한 것도, 국왕, 親王, 功臣을 神社에 봉사한 것도 모두 이것이다."
152) 日本書紀 전승에 따라 초대 임금인 진무(神武)왕의 즉위일을 기원의 시작으로서 제정한 기념일. 1873년 1월 29일 皇靈殿에서 祭典을 거행하고, 百官에게 연회를 베푼 것이 첫 紀元節로서, 이 때 祭典을 시행하였지만 紀元節이라고 칭하지는 않았으며, 이해 3월 正院布告 제 91호에서 紀元節의 명칭이 생겨났다. 1948년 폐지. 참고로 日本書紀는 일본에 불교가 전해진 시기를 실제(538년)와 달리 552년으로 기록하는 등 기록이 왜곡되어 있고, 일본 내에서 계속 출토되는 목간 등의 자료를 통해 그 잘못된 기록이 확인되고 있는 사료이다.
153) 국왕의 생일. 코오닌(光仁) 연간인 775년 10월 13일에 왕의 생일을 축하하여 축연을 베푼 것이 시작이며, 그 후의 것은 알려진 것이 없다. 그런데 메이지 시대에 이르러 이 옛 의식을 부흥하였다. 1868년 8월 26일 太政官의 명령(九月二十二日ハ聖上御誕辰相當ニ付每年此辰ヲ以テ君臣ニ酺宴ヲ賜ヒ天長節御執行相成、天下ノ刑戮被二差停一候、偏ニ衆庶ト御慶福ヲ共ニ被 遊候思召ニ候間、御ニ庶民一モ一同嘉節ヲ奉祝候樣被ニ仰出一候事。)으로 天長節 의식이 부흥되었지만 당시에는 의례가 갖추어지지 않았고, 1872년에 이르러 갖추어졌다.

정책을 실현시켜 나갔다[154].

> ### 일본 국왕의 진쟈 봉안
>
> 1868년 9월 6일(양력 10월 21일), 75대 스토쿠(崇德)왕(1123~1141 재위)의 신위를 사누키(讚岐)에서 교토(京都)로 옮겨 진쟈(神社)에 봉안하고, 시라미네구우(白峯宮, 京都市 上京區 소재)를 창건하였는데, 이는 최초로 일본 왕을 진쟈의 신으로 삼은 것이었다. 이전에는 왕을 진쟈의 신으로 삼지 않았다. 1873년 6월에는 47대 쥰닌(淳仁)왕(758~764 재위)의 신위를 아와지(淡路)에서 옮겨와 시라미네구우(白峯宮)에 합사하였다. 또 1875년 10월에는 81대 안토쿠(安德)왕(1180~1185 재위)의 신위를 옮겨 아카마구우(赤間宮, 현 山口縣 下關市 阿彌陀寺町 소재)에 봉안하였다[155].

---

154) 櫻井匡(앞의 책, p.13~20)은 진기칸의 재흥, 왕과 공신의 진쟈 봉안, 그리고 新嘗祭·紀元節·天長節 제정 등이 모두 신도 국교화 정책에서 이루어졌음을 밝히고 있다.
155) 앞의 책, p.17~18 참조. 당시 진쟈에는 순위 없이, 다만 勅祭社(왕이 칙사를 파유하여 제사 공양을 하는 진쟈)와 武內社 및 諸社로 구분되어 있을 뿐이었는데, 1871년 5월 14일 (양력 7월 1일)에 순위를 정하여, 官幣社와 國幣社는 神祇官에게 배속하였고, 府縣總社는 地方官에게 배속하였다. 그리고 官國幣社는 大·中·小의 3등급으로 나누었고, 그 외에 別格社를 설치하였는 바, 높은 순에서 낮은 순으로 정리하면 다음과 같다. " 官幣大社 〉國幣大社 〉官幣中社 〉國幣中社 〉官幣小社 〉國幣小社 〉別格社"

사진 22 메이지시대 불교식에서 신도식으로 바뀐 고토바(後鳥羽)왕을 봉안한 미나세진구우(水無瀨神宮) (大阪府 三島郡 島本町 廣瀨 3 소재, 촬영일자 : 2003. 2. 24)

사진 23 1869년 건립된 官幣中社 카마쿠라구우(鎌倉宮) 하이덴(拜殿) (神奈川縣 鎌倉市 二階堂 154 소재, 촬영일자 : 2003. 5. 24)

3-2 메이지 정부의 불교 말살 정책

한편 에도 정부가 전복된 상황에서 에도 정부를 지지하는 주요 세력이었던 불교계는 당연히 개혁 대상이었다.

그런데 당시 불교계는 막대한 사찰 토지(寺領)를 소유하고도 단카(檀家) 제도를 이용해 민중에게서 경제적 수탈을 자행하며, 민중과 신도(神道) 위에 군림하여 세속적 권력 기구로서 에도 정부 권력의 한 축을 이룬 결과, 종교적 도덕성을 상실한 상태였다. 이와 함께 신도의 여러 카미, 즉 신(神)들을 권청(勸請)하며 신도와 혼합하여, 신도에 대한 종교적 우위도 주장할 수 없는 상태였다. 더욱이 1868년에 에도 정부와 메이지 신정부 간에 치러진 전쟁에서 주요 사찰 중 하나인 칸에이지(寬永寺)가 에도 정부 군대인 쇼오기타이(彰義隊)[156]의 주둔지가 되었던 사실에서 볼 수 있듯이 메이지 정부에 위협적인 존재이기도 했다[157].

이러한 불교 세력은 신도 국교화를 추구하였던 메이지 정부의 개혁주의자들에게 개혁 대상을 넘어 제거해야 할 대상으로 인식될 수밖에 없었다.

따라서 메이지 정부는 우선 신도에서 불교의 제 요소를 제거하기 위해 신부쯔분리(神佛分離)

---

156) 에도 정부 내 주전파가 결성한 부대의 하나. 주석 122) 참조할 것

157) 1868년 1월 3일의 토바·후시미((鳥羽·伏見) 전투로부터 1869년 5월 18일 고료오카쿠(五稜郭) 전투에서 에노모토타케아키(榎本武揚) 등이 항복할 때까지 에도 정부군과 메이지 정부군 간의 전쟁을 보신(戊辰) 전쟁이라 하며, 이 시기의 사찰은 에도 정부의 유력한 지원 세력이었다.

정책[158]을 실시하였다. 그리고 뒤이어 불교를 말살하고 이를 신도로 대체하는 신도 국교화 정책[159]을 수행하기 위해 개혁주의자의 주도 아래 하이부쯔키샤쿠(廢佛毀釋)[160] 정책을 전개하였다.

그에 따라 사쯔마한(薩摩藩)[161]에서는 1869년 11월 폐불령(廢佛令)을 내려 영지 내 사찰 1,066곳과 승려 2,964명을 대상으로 모두 폐사(廢寺)시키는 동시에 환속을 명하였고, 지역 주민에게 모두 불교를 버리고 신도로 바꾸도록 지시하였다. 또한 불상, 경전, 불구 등을 사쯔마한 관리의 감시 아래 부수었다. 그 결과 사쯔마한에서 불교는 외형적으로 완전히 사라졌다[162].

토사한(土佐藩)[163]에서는 사찰에 대한 경제적 지원을 중단하였고 사찰 소유 토지(寺領)를 폐

---

158) 神祇事務局에서는 1868년 3월 17일 전국의 제 진쟈에 승려의 소속을 금하는 명령을 내리고, 진쟈에 속한 이들 승려에게 모두 환속할 것과 승려로서의 위계 및 관직을 반납하고 정부의 통지를 기다리도록 하였다. 이어 28일에는 神佛判然令을 포고하여, 權現, 明神, 菩薩 등 佛號에 관련시킨 神號를 폐지하도록 명하였으며, 또 兩部神社에 대해 本地-化身하여 나타난 부처의 본체-인 불상을 제거하고, 일체의 불구(佛具)를 진쟈에 두는 것을 금했다. 다음 달 4월 24일에는 太政官 지시로 本地垂迹說에 의한 菩薩號 폐지를 결정하였고, 이와시미즈(石淸水), 우사(宇佐), 하코자키(筥崎) 등의 諸 진쟈에서 八幡大菩薩이란 칭호를 폐지하였다. 이후 1871년 5월에는 교토의 왕궁 안에 있던 불상과 불구를 모두 다른 곳에 옮겼고, 궁중 장례도 불교식에서 신기(神祇) 제사 형식으로 바꾸었다. 이와 관련해서는 雲藤義道, 앞의 책, p.22~24 및 櫻井匡, 앞의 책, p.22~26 참조
159) 1870년 1월 3일(양력 2월 2일) 메이지 정부는 다이쿄오센푸(大敎宣布) 조칙을 발포하여, 국민 사상이 나아갈 길을 명시하였는데, 이는 다음 조칙 내용에서 볼 수 있듯이 일본 고래(古來)의 神道였다. "적절히 治敎를 명확히 하여 일본 고래의 神道를 포교할 것. 따라서 새롭게 宣敎使를 임명하고, 또 천하에 포교하도록 하며, 그대들 君臣衆庶, 이 취지를 명심하여 지키라". 이에 神道는 완전히 國敎 취급을 받게 되었고, 정부는 宣敎使를 전국에 파견하여 大敎宣布를 철저히 진력하는 동시에 각 지방 정부(藩)에 통지서를 보내, 知事(옛 藩主)와 參事(옛 家老)로 하여금 선교직도 담당하도록 하였다. 雲藤義道, 앞의 책, p.44~45
160) 排佛毀釋으로도 표기하며, 메이지 초기 신도 국교화 정책에 의거하여 정부 주도 아래 전국에서 시행한 불교 말살 정책
161) 에도 말부터 히라타아쯔타네(平田篤胤)의 학설이 널리 쓰이고, 또 미토(水戶)학의 영향도 있던 지역이어서 이미 1865년에 구체적인 폐불(廢佛)안이 작성되어 있었다. 이는 寺院僧侶不要論이라 하며, 그 내용으로 천하의 한지(閑地)인 사원을 폐하고, 천하의 유민(遊民)인 승려를 환속시키도록 하며, 젊은이는 병역(兵役)에, 늙은이는 교원(敎員)에, 범종과 불구는 병기로 각각 활용하여야 한다고 주장하였다. 이와 동시에 사쯔마한 책임자는 폐사(廢寺) 조사 담당을 임명하여 준비를 철저히 진행하고 있었음을 운도오기도오(雲藤義道)는 그의 글(앞의 책, p.32)에서 밝히고 있다.
162) 앞의 책, p.32
163) 이곳에서 사찰과 진쟈를 담당한 北川茂長은 코쿠가쿠샤(國學者)인 모토오리노리나가(本居宣長)와 히라타아쯔타네(平田篤胤)의 학설을 신봉하였고, 神祇 개정 담당인 濱田八束은 히라타아쯔타네(平田篤胤)의 문인이었으므로, 神佛分離슈 발포와 동시에 엄격한 폐불이 시행되었다고 운도오기도오(雲藤義道)는 그의 글(앞의 책, p.33~34)에서 밝히고 있다.

지하였으며, 모든 불교식 행사를 신도식으로 바꾸었다. 이로 인해 영내 사찰 515곳 가운데 439곳이 사라졌으나, 신슈우(眞宗) 사찰만은 민중의 지원으로 유지되었다.

사도(佐渡)에서는 1868년 11월 오쿠다이라켄스케(奧平謙輔)[164]가 제 종파의 본사 주지를 호출하여, 섬 내 사찰 500여 곳을 80곳으로 합병할 것을 명하고, 승려에게 귀농할 것을 권하였다. 다음 해인 1869년 2월까지 신슈우(眞宗)를 제외한 각 종파의 승려가 귀농 신청서를 제출하였으므로, 이해 3월에 폐사찰의 범종(梵鐘)과 불구(佛具)를 모아 대포와 화폐를 만드는데 사용하였다[165].

신슈우(信州) 마쯔모토한(松本藩)[166]에서는 지역 주민에게 폐불의 필요성을 설득하고, 불교식 장제를 신도식 장제로 바꾸게 한 결과 영내 사찰 92곳 가운데 73곳이 사라졌으며[167], 이러한 불교 말살 정책(廢佛毀釋)[168]은 전국에 걸쳐 실시되었다[169].

---

164) 1841~1876. 쵸오슈우한의 가신(藩士). 1868년 당시 사도(佐渡)에서 한지(判事 : 議政, 行政을 제외한 6官 및 府縣의 知事 아래 둔 관직. 1869년 7월에 폐지됨)라는 관직을 맡아 폐불 정책에 앞장섬

165) 앞의 책, p.32~35

166) 마쯔모토한의 知事인 토다미쯔히사(戶田光則)는 주자학을 신봉하였고, 大參事인 稻村久兵衛도 주자학과 水戶學을 신봉하였으므로, 이들은 1871년에 이르러 사원 폐합(廢合)에 착수하여, 승려에게 환속하여 농사지을 것을 권고하고, 신도식 장제를 보급하기 위해 「葬事略記」를 만들어 일반에 나누어주었음을 운도오기도오(雲藤義道)는 그의 글(앞의 책, p.35)에서 밝히고 있다.

167) 이 밖에 오키(隱岐) 섬·미노(美濃) 나에기한(苗木藩)·이세(伊勢) 야마다(山田)·토야마한(富山藩) 등 여러 지역에서 발생한 廢佛毀釋의 구체적 내용에 대해서는 앞의 책, p.32~36 참조할 것

168) 廢佛毀釋은 메이지 정부에 적극 가담하거나 동조하는 세력이 주도적인 지역에서 더욱 극단적으로 시행되었다고 하겠다. 지배 계급에서 시행한 이같은 국가 정책 차원의 廢佛毀釋과는 별도로, 불교에 앙심을 품은 진쟈의 신관이 개인적 차원에서 지지 세력을 규합하여 무력으로 이를 행하는 경우도 나타났는데, 사카모토(坂本)의 히에산노오진쟈(日吉山王神社)와 시나노(信濃)의 스와진쟈(諏訪神社)에서 이러한 예를 볼 수 있다. 이와 관련해서는 앞의 책, p.26~27 참조.
한편 당시에는 메이지 정부에 대해 중립적인 입장을 취하거나 동조하지 않는 지역(藩)도 있었다. 1870년부터 71년에 걸친 분고(豊後)·히타(日田) 지역의 농민 봉기에 대응해 시코쿠(四國)와 큐우슈우(九州)의 42한(藩)에 메이지 정부가 군사 동원령을 내렸으나 이들이 따르지 않은 것에서 이러한 상황을 알 수 있다(井上淸, 앞의 책, p.126). 따라서 지역에 따라 廢佛毀釋의 정도에도 차가 나타나는 것을 알 수 있다.

169) 당시 불교 말살 활동과 관련하여 일본 불교쪽 학자는 메이지 시대에 당한 廢佛毀釋에 대하여 그 당한 것을 기록하면서 울분을 억누르는 가운데 에도 시대 이래로 불교가 타락한 탓으로 논술하고 있는 시각에 멈춰 있으며, 일본 신도쪽 학자는 神佛分離를 하면서 그것이 좀 지나치게 확대되어 廢佛毀釋에 이르게 된 점이 있어 아쉽게 생각한다는 정도로 밝히고 있을 뿐이다.

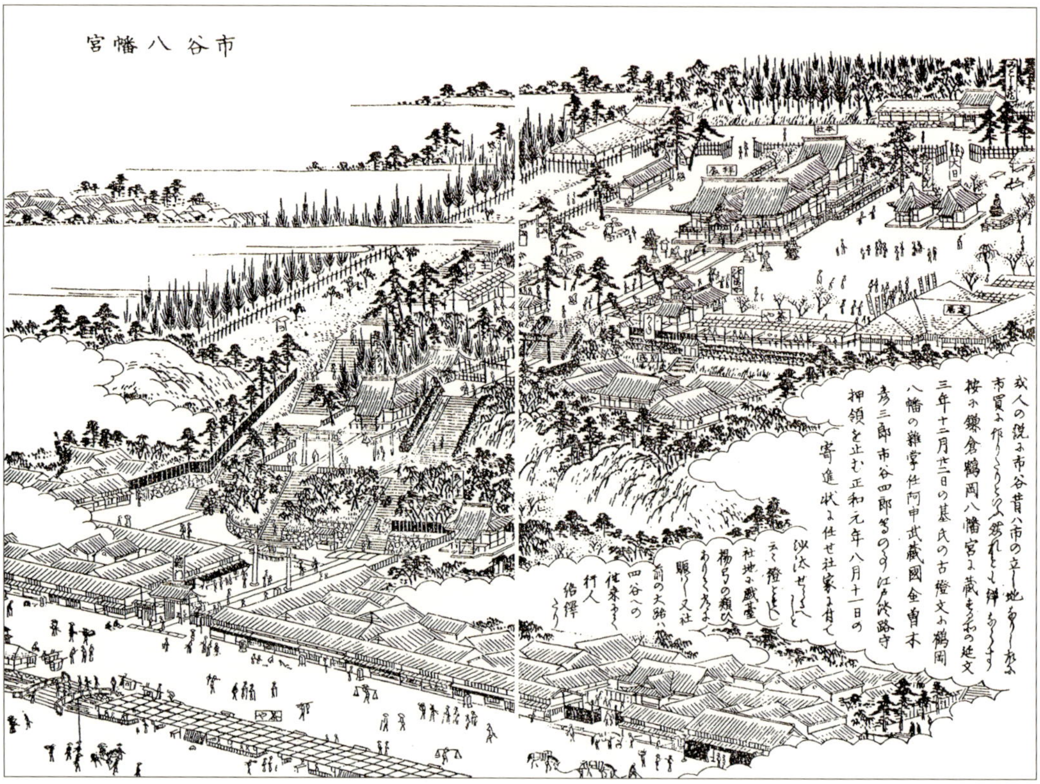

그림 9 에도 시대의 진쟈 이찌가야하찌만구우(市ヶ谷八幡宮) 전경 (이찌가야하찌만구우를 관리했던 別當寺인 東円寺는 神佛分離令에 이은 廢佛毀釋으로 1872년 없어짐.
출처 : 日本圖繪全集 江戶名所圖繪)

| 그림설명 |

메이지 정부는 우선 신도에서 불교의 제 요소를 제거하기 위해 신부쯔분리(神佛分離) 정책을 실시하였고 뒤이어 불교를 말살하고 이를 신도로 대체하는 신도 국교화 정책을 수행하기 위해 개혁주의자의 주도 아래 하이부쯔키샤쿠(廢佛毀釋) 정책을 전개하였다. 이와 함께 전국의 진쟈에 승려 소속을 금하여, 에도 시대 이래로 진쟈에 부속하여 지은 사찰인 別當寺에 있는 승려가 실질적으로 진쟈를 지배해 온 것을 금지하였다.

이에 따라 이찌가야하찌만구우에서도 그 別當寺인 東円寺가 없어졌는데, 그림 9에서는 이같은 불교 탄압이 발생하기 전의 에도 시대 당시 진쟈 모습을 볼 수 있다.

3-3 메이지 정부의 기독교 금지 정책

　이처럼 불교를 말살하고 이를 신도로 대체하는 정책을 수행하는 가운데, 메이지 정부는 이전에 에도 정부가 체결하였던 서구 열강과의 조약을 그대로 계승[170]하면서, 신도 국교화를 위해 기독교를 금지하는 정책을 시행[171]하였다. 그리고 개항의 물결 속에 신앙 활동을 하던 기독교인을 대대적으로 투옥·고문[172]하였다.

　이것은 곧바로 서구 열강의 강한 항의에 직면하였다. 특히 옛 에도 정부가 맺은 기존 조약의 개정과 메이지 정부의 외교적 승인 등을 목적으로 1871년 말 구미에 파견된 이와쿠라토모미(岩倉具視) 대사 일행은 가는 나라마다 기독교 박해에 대한 민관의 항의와 들끓는 여론에 직면하여, 조약 개정 교섭을 조금도 진척하지 못하였다. 이들 일행은 이에 충격을 받아 기독교인을 석

---

170) 井上淸, 앞의 책, p.120 참조. 각지에서 민란이 발생하는 가운데 옛 에도 정부군과 전쟁을 치르고 있는 취약한 정권의 입장에서 외국의 지지는 고사하고 중립이라도 확보하여야 했으므로, 1868년 1월 10일 옛 에도 정부가 외국과 맺은 조약을 메이지 정부는 그대로 계승함을 통고하였고, 국내에도 외국과 화친한다는 조칙을 발포하였다. 이로 인해 서양 세력 축출(攘夷)을 확신하였던 지지 세력들 중에서 메이지 정부에 반대하는 세력이 성장하게 되었다.

171) 에도 정부와의 전쟁에서 승리를 목전에 둔 메이지 정부는 고카죠오노세이몬(五カ條誓文)을 1868년 3월 14일(양력 4월 6일) 공포하면서 동시에 기독교 금지 명령을 내렸다. 太政官 명의로 각지에 내건 방문(榜文)의 내용은 다음과 같다. "기독교(切支丹宗)의 법도는 이제까지 억눌러 금한 그대로 엄하게 지켜야 할 것. 사교(邪宗門)의 법도(儀)는 엄하게 금지할 것". 鶴見俊輔 외 5인, 日本の百年 10 御一新の嵐, 筑摩書房, 1964, p.206

172) 이와 관련하여 자세한 내용은 앞의 책, p.205~208 참조

방하고, 신앙을 자유롭게 해야 한다는 뜻을 정부에 서둘러 상주하였다[173].

이로 인해 메이지정부는 1873년 기독교를 금하는 방문(榜文)을 철거하고, 이들 교인들을 석방하였으며[174], 이후 신앙의 자유를 암묵적으로 허용할 수밖에 없게 되었다.

---

173) 戶頃重基, 近代日本の宗敎とナショナリズム, 富山房, 昭和41年, p.10. 그 결과 기독교는 1883년부터 일시적으로 상황이 호전되었으나, 帝國憲法이 공포(1889년 2월 11일)된 이후 敎會에 모이는 사람들 수가 점차 감소하고 전도가 곤란하게 되기 시작하여 신도 수는 1890년의 34,000명으로부터 다음 해 갑자기 31,631명으로 감소하고, 이후 10년간 3만 명 정도에 머무르며, 1900년에도 36,207명을 헤아리는데 불과하였다.

174) 1873년 3월과 4월(양력 기준)에 메이지 정부는 기독교인들이 깊이 후회하고 있어 방면한다는 이유를 내세워 석방하였다. 하지만 중노동과 고문을 통해 개종을 강요한 후유증으로 인해 풀려난 자 3,404명 중 660명이 5년 내 사망하였던 것에서 혹독했던 종교 탄압의 일면을 엿볼 수 있다.

3-4 기독교 유입을 막기 위한 메이지 정부의 종교 정책

하지만 이는 신도 국교화를 추진하고 있는 메이지 정부에게 중대한 문제가 아닐 수 없었다. 메이지 정부는 신앙의 자유에 대한 서구 열강의 요구에 저촉되지 않으면서 기독교 유입 금지와 신도 국교화를 모두 취할 수 있는 방안을 찾아야 했다.

이에 따라 전자에 대해서는 에도 시대 이래로 기독교 유입을 막는 역할을 맡아왔던 불교에 대한 말살 정책을 멈추고 일부나마 살아남은 불교계를 용인하여, 이로 하여금 재차 기독교 유입을 저지하는데 활용하는 정책으로 전환하였다.

그리고 후자에 대해서는 오스트리아에서 초빙한 법률학자 스타인의 조언을 받아들였다. 스타인은 일본 왕을 윤리적, 정신적, 정치적 중심으로 하는 국가 체제 유지를 위해 신도를 종교로 삼으면서, 이를 종교의 바깥에 두도록 조언하였다. 이에 따라 메이지 정부의 관료는 "진쟈는 종교가 아니다"라고 하는 구실을 만들어, 진쟈를 국가적으로 보호하면서 실질적인 신도 국교화를 수행할 수 있었다[175]. 또한 불교계에 다양한 종파[176]가 있음을 이용하여 이를 잘 알지 못하는 서구 열강에 대하여 다양한 종교가 허용되는 종교의 자유가 있음을 주장하였다.

---

175) 이와 관련해서는 戶頃重基, 앞의 책, p.7~8 참조. 戶頃重基는 그의 글에서 "진쟈(神社)는 종교가 아니다"라고 하는 구실을 만들어, 국가적 보호를 진쟈에 부여한 메이지(明治) 정부 관료의 교묘한 연출의 배후에는 정부가 당시 오스트리아에서 초빙한 스타인이라고 하는 법률학자의 훈수가 작용하고 있었다"라고 밝히면서 메이지 정부가 신도 국교화를 진행하였던 방법에 대하여 자세히 설명하고 있다.

176) 일본 불교는 1945년 이전까지 13종 56파로 구성되어 있었다. 종(宗)의 경우 보다 큰 포괄적인 교단에 사용하며, 파(派)의 경우 그 속에 포함되는 보다 작은 분파에 사용되는 경우가 많지만, 소오토오슈우(曹洞宗)와 오오바쿠슈우(黃檗宗)처럼 그 밑에 파가 없는 것도 적지 않다. 井筒雅風 외 18人, 大法輪選書 : 日本佛敎宗派のすべて, 大法輪閣, 1981, p.2~4

3-5 신도 아래에 놓인 메이지 시대 불교

　에도 정부의 멸망을 지켜보았던 일본 불교계는 1868년 12월 종파간 연합 모임(諸宗同德會盟)을 결성하고, 다음 해 4월에 이를 확대하여 메이지 신정부에 신고하면서, 기독교 대응을 위한 불교의 필요성을 역설하고, 신정부에 대한 충성을 맹세하는 움직임을 취해왔다[177].

　하지만 사찰이 완전히 사라진 사쯔마한의 경우에서 알 수 있듯이 신정부의 불교 말살 정책(廢佛毁釋)으로 불교계는 단기간에 완전히 초토화되었다. 이런 가운데 기독교 유입 방지에 그 필요성이 재차 인정되면서 메이지 정부 내에 불교를 관장하는 기관이 조직되어, 정부 조직 속에 편입될 수 있었다[178].

　그러나 사찰 토지(寺領)와 단카(檀家) 제도에 따른 장례 의식 전담 등 기존에 확립되었던 특

---

177) 1868년 12월 8일(양력 1869년 1월 25일) 諸宗同德會盟을 결성한 후, 다음 해 1869년 3월 20일(양력 5월 6일) "나라를 위하여 신명을 아끼지 않는다"라고 맹세하고, "사교 방어를 위해 일동 죽음을 기약하고 진력하고 싶다"는 취지를 連署하여 올렸다. 東京에서는 1869년 4월 25일(양력 6월 9일) 시바(芝)에 있는 사찰인 조오죠오지(增上寺)에서 불교계 중진 30여명이 만나 諸宗同德會盟을 결성하고, "예수교에 대결할 필요가 생길 것이므로, 그 준비를 할 것" 등을 포함한 會盟 규칙 13조를 정하였다. 또한 그 아래로 王法과 佛法은 떼어놓을 수 없는 것, 사교를 연구하고 배척하여야 할 것 등 8개조의 항목을 두어 기독교에 대한 대응 의지와 정부에 대한 충성의 의지를 밝히고 있다. 雲藤義道, 앞의 책, p.41~43
178) 정부의 공식적 인정을 받고자 하는 불교계와 기독교 유입을 막는데 이를 이용하고자 하는 정부의 이해가 맞아, 1872년 3월 14일(양력 기준) 教部省이 신설되어, 불교계를 관장하게 되었다.

권 일체를 박탈당하였고, 에도 시대 당시 누렸던 경제력을 상실하였으며, 신도의 하위 기관으로서 극심한 침체의 시기를 맞았다[179]. 이는 메이지 정부의 치밀한 용어 정책에도 그대로 반영되어 그 격이 신도보다 낮아진 사찰(寺) 용어는 진쟈(社) 다음에 놓여 쓰이게 되었다[180].

이러한 시대적 상황을 맞아 불교계는 메이지 정부 정책에 무조건 따라야 했다[181]. 이에 따라 메이지 정부가 1870년부터 일왕 숭배 중심의 신도 교리를 포교하기 위해 국민 교화 활동(大敎宣布)을 조직적으로 운영하면서 사찰도 이에 참여해야 했는데, 1873년에 그 중앙 기관(大敎院)[182]이 되었던 조오죠오지(增上寺)[183]에 대한 당시 기록은 불교계가 처해 있던 상황을 잘 보여준다.

---

179) 에도 시대에 확립된 단카(檀家) 제도는 메이지 시대에 들어와 폐지되었지만, 이 제도로 인해 檀家의 가족묘 전체가 특정 사찰에 이미 구성되었고, 그 결과 일본 사찰에서는 오늘날에 이르기까지 이들 檀家의 묘 관리와 장례식 및 이들 선조의 영(靈)을 공양하는 의식을 맡아오면서 기본적인 경제력을 그나마 유지하게 된 것을 볼 수 있다.
180) 이에 따라 사찰(寺)과 진쟈(社)를 함께 일컫는 경우 社寺라 하고, 1871년 사찰과 진쟈 소유의 朱印地 및 除地를 대상으로 경내를 제외한 나머지를 모두 정부에 반납한 것을 社寺上地라 하는 등 진쟈 우위의 용어로 바뀌었고, 이는 오늘날에도 그대로 이어지고 있다.
181) 일본 불교계는 메이지 정부의 시책에 따라 조선 침탈에 본격 착수하는데, 佛敎大學長 薗田宗惠의 글(靑柳南冥, 朝鮮宗敎史, 駸駸堂, 1911, 序 참조)을 통해 이를 잘 살펴볼 수 있다. 『……바야흐로 우리나라가 朝鮮半嶋를 병합하여 갑자기 그 面目을 일신하였으나 이를 동화하여 완전하게 大和民族으로 혼화시키는 것은 여전히 많은 시일을 요구하는 것인 동시에 그 완성까지 실로 일대 난제이므로, 이 민족 융합을 마침내 이루는 媒介로서의 임무에 응당 해당되는 것이 佛敎를 내세워 이루는 것이다. 그렇다면 佛敎人은 自己의 宗敎를 전도하는 職任보다도 또는 국가의 앞날을 걱정하는 愛國心보다 하루라도 속히 朝鮮民族을 佛敎化시키지 않으면 안되며, 따라서 朝鮮宗敎의 변천 사정을 자세히 알아야 함은 물론이고 더구나 우리 일본의 불교는 조선을 사이에 세우고 수입하게 된 것이라면 적어도 일본 불교의 淵源을 알고자 하면 자연히 조선 불교를 철저히 연구하게 하여야 함을 깨달으며, …중략…』
182) 메이지(明治) 초기의 大敎 선포 운동의 중앙 기관. 1872년 9월에 개설. 처음에 코오지마찌(麴町), 이어서 시바(芝)에 있는 사찰인 조오죠오지(增上寺) 안으로 옮김. 아마테라스오오카미・아메노미나카누시노미코토 등을 제사 지내고, 신관과 승려가 언제나 회동하여 敎義를 강구하며, 敎書 편집, 敎導職 인선, 敎會와 講社(계를 조직하여 神을 참배하는 단체, 결사) 관리를 맡음. 지방에는 中敎院과 小敎院이 있었음. 高柳光壽・竹內理三, 앞의 책, p.573
183) 도쿄 미나토쿠(港區) 시바코오엔(芝公園) 4-7-35에 위치한 사찰

사진 24 조오죠오지(增上寺) 혼도오(本堂) 전면(1974년 재건) (촬영일자 : 2003. 6. 14)

　조오죠오지(增上寺)의 주불전(本堂)[184]에서는 아미타불상을 철거한 후, 내진 중앙에 아마노미나카누시노카미(天御中主神)[185], 타카미무스비노카미(高御産靈神)[186], 카미무스비노카미(神産靈神)[187], 아마테라스오오카미(天照大神)[188]를 안치하였고, 금줄을 치고, 신체(神體)인 거울(鏡)을 두어 제단을 설치하였다. 사찰 입구에 있는 산문(山門) 앞에는 진쟈 앞에 설치되는 출입문인 큰 토리이(鳥居)를 세웠으며, 16나한상은 창고에 넣었다. 개원식 당일 한쪽에는 신도의 예복과 모자를 착용한 신관이, 다른 쪽에는 법의를 입고 삭발한 승려가 늘어앉았고, 각 종파의 관장들은 법의를 입은 채 박수를 치며 신내림 의식에 참가했다. 더욱이 승려로서 종교 관장 기관(敎部省)에 소속한 이는 신도의 예복과 모자를 착용하고, 카미(神)에게 음식을 올렸다. 승려는 신관의 아랫자리에 앉았고, 국민 교화를 위한 세가지 가르침(三條의 敎則)[189]의 취지를 민중에

---

184) 일본 불교에서는 본존을 안치한 주불전의 명칭이 종파에 따라 다르며, 이를 통칭해서 부쯔도오(佛堂)라 칭하는데, 이 글에서는 주불전으로 표기하도록 한다.
185) 古事記에서 造化의 3신 중 하나. 천지개벽 때 타카마노하라(高天原)에 최초로 출현하여 하늘 가운데 앉아 우주를 주재하였다고 하는 신
186) 古事記에서 천지개벽 때 타카마노하라(高天原)에 출현하였다고 하는 신으로 아마노미나카누시노카미·카미무스비노카미와 함께 造化의 3신. 진혼신(鎭魂神)으로서 神祇官 8신 중 하나
187) 記紀神話에서 천지개벽 때, 아마노미나카누시노카미(天御中主神)·타카미무스비노카미(高御産靈神)와 함께 타카마노하라(高天原)에 출현하였다고 전하는 신으로 造化의 3신 중 하나. 여신이라고도 함
188) 타카마노하라(高天原)의 주신(主神). 일본 왕실의 조상신
189) 敬神愛國, 天理人道, 皇上奉戴

게 설교할 뿐으로, 불교의 교의와 각 종파의 교의를 설하는 것은 불가능했다[190].

메이지 시대의 일본 불교는 국가의 신도 국교화 정책에 따른 불교 말살책으로 인해 존속이 어려운 상황을 맞았으나, 에도 시대 이래로 기독교 유입을 저지해왔던 역할에 대한 필요성을 인정받아 살아남을 수 있었다. 하지만 종교로서의 기능과 본질을 상실한 채, 사회·경제적으로 크게 쇠퇴하기에 이르렀다.

이런 상황을 맞아 막대한 자금이 소요되는 불전의 추가 신축은 당시 더 이상 이루어질 수 없었고, 그 결과 도쿄를 포함한 수도권 지역의 사찰에서는 19세기 후반의 메이지 시대에 건립된 불전 건축을 현재 전혀 찾아볼 수 없으며, 단지 묘오호오지(妙法寺)[191] 입구에서 1878년에 제작된 철문만을 볼 수 있을 뿐이다(사진 25 참조).

사진 25 묘오호오지(妙法寺) 입구 철문(1878년 제작) (촬영일자 2004. 5. 26)

하지만 진쟈는 국가의 보호 속에 융성기를 맞이하였고, 이에 따라 당시 많은 건물이 새롭게 건립되어 현존하고 있어, 19세기 후반기 메이지 시대의 상황을 극명하게 보여주고 있다.

---

190) 雲藤義道, 앞의 책, p.49~50
191) 도쿄 스기나미쿠(杉並區) 호리노우찌(堀ノ內) 3-48-8에 위치한 사찰

사진 26 온타케진쟈(御岳神社) 입구의 토리이(鳥居) (東京都 大田區 北嶺町 37-20, 촬영일자 : 2003. 10. 26)

사진 27 온타케진쟈(御岳神社) 社殿 (東京都 大田區 北嶺町 37-20, 촬영일자 : 2003. 10. 26)

사진 28 후지진쟈(富士神社) 입구의 토리이(鳥居) (東京都 文京區 本駒込 5-7-20, 촬영일자 : 2003. 5. 9)

맺음말

19세기 일본은 1868년을 기점으로 에도 시대와 메이지 시대로 나뉜다. 군사 지도자가 최고 통치권자가 되었던 에도 시대, 그리고 국왕이 최고 통치권자가 되었던 메이지 시대는 사회·문화·정치 각 분야에서 서로 그 특성이 전혀 다르다.

우선 에도 시대(1603~1868)에는 절대 권력을 소유한 토쿠가와(德川)씨 가문의 통치 아래 수도인 에도 지역이 사회·문화·정치의 중심지가 되어 불교 국가로서 불교 문화가 꽃피었다. 이때의 불교계는 에도 정부가 수립한 혼마쯔(本末) 제도와 단카(檀家) 제도 및 테라우케(寺請) 제도를 통해, 절대적인 수직 위계 조직을 이루며 민중을 지배하는 세속적 권력 기관이 됨으로써 종교 본연의 모습에서 멀어지게 되었지만, 에도 정부 권력의 주요한 축으로서 크게 발전하였다.

이에 반해 메이지 시대에는 무인 정권의 전통을 그대로 이으면서도 전통 신앙인 신도(神道)를 기반으로 하여 왕정복고를 추진한 집권 세력에 의해 신도의 국교화가 추진되면서 진쟈(神社)가 크게 발전하였고, 이로 인해 외래 종교인 기독교 및 불교에 대한 말살 정책이 시행되었다. 하지만 기독교 탄압에 대한 서구 열강의 항의로 기독교는 암묵적으로 허용되게 되었고, 이에 따라 에도 시대 이래로 기독교 유입을 막아 왔던 불교의 역할에 대한 필요성이 재인식되면서 불교계도 가까스로 그 명맥을 이을 수 있었다.

이 책에서는 이처럼 그 특성이 전혀 다른 두 시대-군인이 통치했던 불교 국가인 에도 시대와 국왕 통치로 되돌아가 신도 국가를 지향한 메이지 시대-가 이어졌던 일본의 19세기를 중심으로 그 사회와 문화에 대하여 분석 고찰하였다. 19세기 당시는 물론이고 오늘날의 일본을 제대로 알기 위해서는 이에 대한 연구가 필수적이다.

현재 한일 두 나라 간에는 정치, 경제, 사회, 문화 각 분야에서 활발한 교류가 이루어지고 있지만, 독도 문제와 역사 왜곡에 따른 교과서 문제 등에서 볼 수 있듯이 갈등도 첨예하게 나타나고 있다. 이러한 갈등에 대한 해결책을 구하고 향후 바람직한 교류 방향을 제시하기 위해서는 현대 일본인의 의식을 형성한 19세기 일본의 사회 문화 전반에 대한 다양한 연구가 필요하다. 관련 전문가들의 적극적인 연구는 물론이고, 각계 각층의 지속적인 관심과 격려가 필요한 때이다.

참고문헌

- 建築史の鑛脈, 中央公論美術出版, 1995
- 光井涉, 近世寺社建築とその建築, 中央公論美術出版, 2001
- 結城令聞 외 3인 編集, 講座佛敎 Ⅵ 日本佛敎の宗派, 大藏出版, 1967
- 圭室諦成 監修, 日本佛敎史 Ⅲ 近世・近代篇, 法藏館, 1977
- 吉田久一, 日本近代佛敎史硏究, 吉川弘文館, 1992
- 吉田久一, 日本近代佛敎社會史硏究, 吉川弘文館, 1964
- 大塚久雄, 宗敎改革と近代社會, みすず書房, 1948
- 島田筑波・河越靑士, 東京都社寺備考 天台宗之部 寺院部 第1册, 北光書房, 1944
- 歷史公論 1 近代日本の反體制運動, 雄山閣, 1985
- 歷史公論 2 近世の佛敎, 雄山閣, 1985
- 歷史公論 11 明治佛敎の世界, 雄山閣, 1983
- 歷史學硏究會・日本史硏究會編者, 講座日本歷史 5 近世 Ⅰ, 東京大學出版會, 1989
- 峰島旭雄編, 近代日本の思想と佛敎, 東京書籍, 1982
- 杉崎大愚・石井敎道・三浦一道・桐溪順忍・寺沼琢明・山田無文・赤松晋明・山田靈林・茂田井敎亨, 講座佛敎 第Ⅶ卷 日本佛敎の宗派, 大藏出版株式會社, 1958
- 小栗純子, 近代佛敎:政治と宗敎と民衆, 佼成出版社, 1972
- 雲藤義道, 明治の佛敎-近代佛敎史序說, 現代佛敎叢書, 1956
- 櫻井匡, 明治宗敎史硏究, 春秋社, 1971
- 日本建築學會編, 總覽 日本建築 3 東京, 新建築社, 1987
- 日本圖繪全集 江戶名所圖繪第1册-4册, 日本隨筆大成刊行會, 1928
- 田中秀和, 幕末維新期における宗敎と地域社會, 淸文堂出版, 1997
- 井上淸, 日本の歷史 中, 岩波新書, 1972
- 赤澤史朗, 近代日本の思想統動員と宗敎統制, 校倉書房, 1985
- 中村元・笠原一男・金岡秀友, アジア佛敎史 日本編Ⅶ 江戶佛敎, 佼成出版社, 1972
- 池田晃淵, 德川幕府時代史, 早稻田大學出版部, 1965
- 靑柳南冥, 朝鮮宗敎史, 駿駿堂, 1911
- 村上直編, 近世神奈川の硏究, 名著出版, 1975
- 澤博勝, 近世の宗敎組織と地域社會, 吉川弘文館, 1999
- 鶴見俊輔 외 5인, 日本の百年 10 御一新の嵐, 筑摩書房, 1964
- 戶頃重基, 近代日本の宗敎とナショナリズム, 富山房, 1966
- 臺東區史 (社會文化編), 東京都臺東區役所, 1966
- 文京區史 卷二, 文京區役所, 1968

- 中央區史 上卷, 東京都中央區役所, 1958
- 埼玉縣教育委員會編, 埼玉の近世社寺建築: 埼玉縣近世社寺建築緊急調査報告書, 埼玉縣 教育委員會, 1984
- 東京都教育廳社會教育部文化課編, 東京都の近世社寺建築: 近世社寺建築緊急調査報告書, 東京都敎育廳社會教育部文化課, 1989
- 東京都教育廳生涯學習部文化課, 東京都文化財總合目錄 平成7年度版, 1996
- 奈良縣立文化財研究所編, 奈良縣の近世社寺建築: 近世社寺建築緊急調査報告書, 奈良縣 教育委員會, 1987
- 鎌倉市文化財總合目錄編さん委員會著, 鎌倉市文化財總合目錄; 鎌倉市敎育委員會編; 書跡 繪畫 彫刻 工芸篇 - 建造物篇, 同朋舍, 1985
- 神奈川近世史研究會編, 江戶時代の神奈川: 古繪圖でみる風景, 有隣堂, 1994
- 神奈川縣敎育委員會文化財保護課編, 神奈川縣文化財目錄, 神奈川縣敎育委員會文化財保護課, 1990
- 神奈川縣敎育廳生涯學習部文化財保護課編, 神奈川縣の近世社寺建築: 神奈川縣近世社寺 建築調査報告書; 本文篇, 寫眞篇, 神奈川縣敎育委員會, 1993
- 橫浜市文化財總合調査會近世社寺重要遺構調査團編, 橫浜の近世社寺建築: 橫浜市近世社寺建築調査報告書 2 寺院編, 橫浜市敎育委員會文化財課, 1991
- JACAM, 重要文化財歡喜院聖天堂保存修理工事 Vol.2, 2005.7.6
- 김성도·片桐正夫, 19세기 일본 불교 건축의 특성 연구 - 수도권 일원 사찰의 불전 건축 의장을 중심으로, 대한건축학회논문집(계획계), 22권 7호, 2006.7
- 金成都·片桐正夫, 江戶近郊における新たな佛堂形式の成立に關する一考察 - 17c 方丈型本堂の成立背景, 2004年大會 學術講演梗槪集 建築歷史·意匠, 日本建築學會, 2004.7
- John W. Hall, Marius B. Jansen, Madoka Kanai, Denis Twitchett, *The Cambridge History of Japan Vol.5 The Nineteenth Century*, Cambridge University Press, 1989
- W.G. Beasley, 장인성譯, 일본 근현대사, 을유문화사, 1996
- William T. O'Hara, *Centuries of Success: Lessons from the World's most enduring Family Business*, Adams Media Corporation, 2003
- 高柳光壽·竹內理三 編, 日本史辭典, 角川書店, 1982
- 建築大辭典, 彰國社, 1988
- 國史大辭典, 吉川弘文館, 第1卷~第14卷, 1979~1993
- 金岡秀友編, 古寺名刹大辭典, 東京堂出版, 1997
- 金岡秀友編, 佛敎宗派辭典, 東京堂, 1977
- 別冊歷史讀本 事典 シリーズ 2 第2號 『古事記』 『日本書紀』 總覽, 新人物往來社, 1989
- 別冊歷史讀本 事典 シリーズ 25 日本 『佛敎』 總覽, 新人物往來社, 1995
- 事典シリーズ 日本佛敎總覽 「中尾堯, 古代の佛敎」, 新人物往來社, 1995
- 新村出編, 廣辭苑 第4版, 岩波書店, 1991
- 人文社編集部, 新全國地名讀みがな辭典, 人文社, 2000
- 人文社編集部, 新全國地名讀みがな辭典, 人文社, 2000
- 日本大辭典刊行會編, 日本國語大辭典, 小學館, 第1卷~第20卷, 1972~1976

찾아보기

(ㄱ)

계단노마(下段ノ間) ·················· 15
고료오카쿠(五稜郭) ············ 51, 62, 73
고카죠오노세이몬(五カ條誓文) ········ 77
고코쿠지(護國寺) ············ 31, 32, 33, 34
관음보살 ··················· 28, 29, 31, 33, 34
금강중광(金剛重光) ····················· 11
관음 영지 순례 ······················· 31, 33
교오키(行基) ····························· 25
교토슈고쇼쿠(京都守護職) ············ 49
군쇼루이쥬우(群書類從) ··············· 52
권청(勸請) ······················ 24, 25, 28, 73
기독교 ············ 12, 13, 14, 28, 77, 78, 79, 80, 83, 86
기독교 박해 ···························· 77
기죠오(議定) ···························· 57

(ㄴ)

나가사키(長崎) ··············· 43, 41, 44, 59
나마무기지켄(生麥事件) ··············· 47
나카오카신타로오(中岡愼太郎) ······· 50
난요오지(南養寺) ················ 28, 30, 31
농민 봉기 ····················· 39, 40, 54, 75
니이가타(新潟) ················ 12, 43, 41, 44
니찌린지(日輪寺) ······················· 35
니혼쇼키(日本書紀) ················ 70, 88

(ㄷ)

다이니찌(大日) ·························· 24
다이묘오(大名) ······ 12, 40, 44, 45, 48, 49, 52, 56, 64
다이코쿠(大黑) ·························· 24
다이쿄오센푸(大教宣布) ·········· 70, 74, 79
다이쿄오인(大教院) ····················· 81
다이히간지(大悲願寺) ·········· 15, 28, 29, 30
단나데라(檀那寺) ················ 13, 23, 25
단카(檀家)제도 ·············· 12, 14, 28, 73, 80, 86
단카에키(檀家役) ··············· 14, 23, 28

(ㄹ)

로오닌(浪人) ······················· 44, 48
료오부(兩部)신도 ······················ 25
리쿠엔타이(陸援隊) ···················· 50
린센지(林泉寺) ·························· 35

(ㅁ)

마스다카네노부(益田兼施) ············· 49
마쯔다이라카타모리(松平容保) ········ 49
마쯔에한(松江藩) ···················· 63, 64
말사(末寺 마쯔지) ·········· 12, 13, 14, 15, 23
메이지 왕정 ························ 28, 62
모토오리노리나가(本居宣長) ······ 51, 74
목간 ···································· 70
묘오호오지(妙法寺) ····················· 83
미나세진구우(水無瀨神宮) ············· 72
미나토노미에루오카 ··················· 47
미즈노타다쿠니(水野忠邦) ············· 40
미타지리(三田尻) ······················· 40
미토(水戶)학파 ······················ 52, 74
밀교 ····························· 24, 28, 29

(ㅂ)

바쿠한(幕藩) 체제 ··················· 39, 45
반노부토모(伴信友) ····················· 52
반정부 세력 ······ 37, 47, 48, 49, 51, 52, 53, 54, 55, 56, 57, 62
배불론(排佛論) ·························· 28
백제 ·································· 10, 11
뱟코타이(白虎隊) ······················· 62
벤텐(辯天) ······························· 24
벳토오(別當) ····························· 70
보신(戊辰) 전쟁 ············ 51, 57, 59, 61, 73
본사(本寺 혼지) ···················· 12, 23
불교 말살 정책(廢佛毀釋) ······· 28, 73, 74, 75, 80

(ㅅ)

사가라소오조오(相樂總三) ············· 63

INDEX

사도(佐渡) ·· 41, 75
사민(四民) 평등 ···································· 64
사이고오타카모리(西鄕隆盛) ·············· 50, 52, 56, 57
사이쵸오(最澄) ······································ 25
사쯔마한(薩摩藩) ·································· 45
　　　　　　46, 47, 48, 49, 50, 53, 56, 58, 63, 74, 80
사카모토료오마(坂本龍馬) ··················· 50
사카시타(坂下)문 ·································· 45
사쿠라다몬가이노헨(櫻田門外の變) ······ 45
산요(參與) ··· 56, 57
산죠오사네토미(三條實美) ·················· 50, 52, 55
산킨코오타이(參勤交代) ······················ 45
상납금 ··· 14, 23, 28
샤츄우(社中) ··· 50
세키호오타이(赤報隊) ·························· 63
센츄우핫사쿠(船中八策) ······················ 50
소오사이(總裁) ····································· 57
소오쇼오(相承) ····································· 14
소오지랴쿠키(葬事略記) ······················ 75
쇼오군(將軍) ············ 12, 31, 39, 44, 45, 49, 55, 56, 57
쇼오기타이(彰義隊) ······························ 61, 73
쇼오토쿠지(尙德寺) ······························ 35
슈겐도오(修驗道) ·································· 29
쇼슈우도오토쿠카이메이(諸宗同德會盟) ········ 80
슈우몬아라타메야쿠(宗門改役) ··········· 13
슈우몬아라타메쵸오(宗門改帳) ··········· 13
슈우시닌베쯔아라타메쵸오(宗旨人別改帳) ······ 12
스타인 ··· 79
스토쿠(崇德)왕 ····································· 71
시라미네구우(白峯宮) ·························· 71
시마즈히사미쯔(島津久光) ·················· 45, 49, 56
시모노세키(下關)해협 ·························· 47, 50
시모다(下田) ··· 40, 43
신기 신앙(神祇信仰) ···························· 11
신도(神道) ··· 11
　　　　　　13, 14, 23, 24, 25, 28, 48, 49, 68, 70
　　　　　　73, 74, 75, 77, 79, 81, 82, 83, 86

신부쯔분리(神佛分離) ·························· 73, 76
신슈우(眞宗) ··· 11, 75
신죠오사이(新嘗祭) ······························ 70
신찌콘류우킨시레이(新地建立禁止令) ······ 13

(ㅇ)

아라이하쿠세키(新井白石) ·················· 28
아마노미나카누시노카미(天御中主神) ········ 82
아마테라스오오카미(天照大神) ··········· 81, 82
아이즈센소오(會津戰爭) ······················ 62
아카마구우(赤間宮) ······························ 71
아키바(秋葉) ··· 24
안도오노부마사(安藤信正) ·················· 45, 48
안세이노지신(安政の地震) ·················· 43
안토쿠(安德)왕 ····································· 69
야나카시찌후쿠진(谷中七福神) ··········· 34
야마노우찌토요시게(山內豊信) ··········· 50, 56, 57
야마자키안사이(山崎闇齋) ·················· 28
야쿠오오인(藥王院) ······························ 24, 26
에노모토타케아키(榎本武揚) ·············· 51, 62, 73
에도(江戶)시대 ····································· 12
에도지지(江戶地誌) ······························ 35
에비스(惠比壽) ····································· 24
에조가시마(蝦夷島) 공화국 ·················· 51, 62
에타(穢多) ··· 64
엔니찌(緣日) ··· 28
엔마(閻魔) ··· 24
엔만지(圓滿寺) ····································· 24
오구리타다마사 ···································· 58
오다노부나가(織田信長) ······················ 12, 19
오오시오헤이하찌로오(大鹽平八郞)의 난 ······ 40
오오쿠보토시미찌(大久保利通) ··········· 52, 53, 57
오우우에쯔렛판도오메이(奧羽越列藩同盟) ······ 61
오쿠다이라켄스케(奧平謙輔) ·············· 75
오쿠덴(奧殿) ··· 25, 27
온타케진쟈(御岳神社) ·························· 84
올콕크 ··· 46

찾아보기

왕정복고(王政復古) 5, 13, 49, 51, 52, 53, 56, 57, 69, 86
요나오시잇키(世直し一揆) 38
요시다쇼오인(吉田松陰) 45, 50, 52, 53
요코하마(横浜) 45, 47, 57
이나리(稻荷) 24
이단금지(離檀禁止) 23
이와쿠라토모미(岩倉具視) 52, 56, 57, 77
이이나오스케(井伊直弼) 44, 45, 48
이찌가야하찌만구우(市ケ谷八幡宮) 76
이찌부긴(一分銀) 44
이찌지쯔(一實)신도 25
이타가키타이스케(板垣退助) 52
인도오(引導) 23

(ㅈ)

정한론(征韓論) 52, 53
제임스 비들(James Biddle) 43
제정일치(祭政一致) 51, 69, 70
조선 침략 52
조오죠오지(增上寺) 16, 18, 80, 81, 82
존 데이비스(John Davis) 43
존왕양이(尊王攘夷) 43
  44, 45, 46, 47, 48, 49, 50, 51, 52, 53, 54, 55, 56, 57
죠오단노마(上段ノ間) 15, 21
죠오신지(淨心寺) 18
주자학 75
지단세이도(寺檀制度) 13
지샤부교오(寺社奉行) 13
지샤카키아게(寺社書上) 24, 25
지인혼잔핫토(寺院本山法度) 13
지장(地藏 지조오) 24
지진 43, 54, 85
진기칸(神祇官) 68, 70, 71
진무(神武)왕 51, 70
진자(神社) 25, 68, 69, 70, 79, 86
쯔케쇼인(付書院) 15, 23

(ㅊ)

찰스 리차드슨(Charles Richardson) 45
쵸오슈우한(長州藩) 정벌 40
  46, 47, 49, 50, 51, 52, 53, 54, 55, 56, 59, 63, 74
쵸오슈우한쇼타이(長州藩諸隊) 51
츄우덴(中殿) 25

(ㅋ)

카고시마(鹿兒島) 12, 41, 47, 56,
카나가와(神奈川) 11, 40, 43, 44, 55
카나가와(神奈川)조약 43
카마쿠라구우(鎌倉宮) 72
카미(神) 24, 25, 28, 48, 73, 81, 82
카미무스비노카미(神産靈神) 82
카부나카마(株仲間) 40
카이엔타이(海援隊) 50
카이코오인(開光院) 15, 20, 21
카즈노미야(和宮) 45
카쯔카이슈우(勝海舟) 50, 59
칸기인(歡喜院) 25, 27
칸에이지(寬永寺) 9, 37, 60, 61, 73
코오메이(孝明)왕 45, 49, 55
코오부캇타이(公武合體) 45
코오안지(高安寺) 19, 20
코오케이(公卿 쿠교오) 44, 45, 48, 55, 64
코쿠가쿠샤(國學者) 44, 48, 51, 53, 74
콘고오구미(金剛組) 11
코지키(古事記) 51, 82, 88
코지키덴(古事記傳) 51
쿠니시시나노(國司信濃) 49
쿠미가시라(組頭) 13
쿠우카이(空海) 25
쿤코(訓詁) 14
키간지(祈願寺) 25
키겐세쯔(紀元節) 70
키도타카요시(木戸孝允) 51, 52, 53, 56
키시모진도오(鬼子母神堂) 25, 26

INDEX

키운지(喜運寺) ·················· 35
키쿠오카센료오(菊岡沾涼) ·········· 35
킨몬노헨(禁門の變) ········ 46, 49, 52, 56

(ㅌ)

타이세이호오칸(大政奉還) ············ 56
타카마노하라(高天原) ··············· 82
타카미무스비노카미(高御産靈神) ······ 82
타카스기신사쿠(高杉晋作) ····· 50, 51, 52
테라다야(寺田屋) ············ 46, 48, 49
테라마찌(寺町) ············ 14, 17, 18, 19
테라마찌도오리(寺町通り) ·········· 14, 18
테라우케(寺請) ········· 13, 14, 23, 28, 86
테라우케(寺請) 제도 ··············· 13, 28
테라우케쇼오몬(寺請證文) ·········· 13, 14
텐네이지(天寧寺) ············· 15, 22, 23
텐소진쟈(天祖神社) ··················· 35
텐쵸오세쯔(天長節) ··················· 70
텐포오(天保) 개혁 ················ 40, 44
텐포오노키킨(天保飢饉) ················ 40
토노쿠찌하라(戶の口原) ················ 62
토다미쯔히사(戶田光則) ················ 75
토리이(鳥居) ················· 82, 84, 85
토바・후시미(鳥羽・伏見) ····· 48, 51, 58, 59, 63, 73
토사킨노오토오(土佐勤王堂) ············ 50
토사한(土佐藩) ············ 49, 50, 56, 57, 74
토오젠지(東禪寺) ················· 45, 46
토완테(トワンテ) ······················ 47
토코노마(床の間) ················· 15, 21
토쿠가와요시노부(德川慶喜) ··· 37, 55, 56, 57, 58, 59, 60, 63
토쿠가와이에모찌(德川家茂) ······ 45, 55, 57
토쿠가와이에야스(德川家康) ············ 12
톤야(問屋) ··························· 40

(ㅍ)

페리(Matthew C. Perry) 제독 ·········· 43
페불령(廢佛令) ······················· 74

(ㅎ)

하나와호키이찌(塙保己一) ············· 52
하마구리고몬(蛤御門) ················· 49
하야시라잔(林羅山) ··················· 28
하이덴(拜殿) ······················ 25, 72
하이부쯔키샤쿠(廢佛毀釋) ············ 74, 76
하이한찌켄(廢藩置縣) ··············· 53, 56
하코다테(函館) ··········· 40, 43, 44, 51, 62
하타모토(旗本) ······················· 40
한사쯔(藩札) ························· 40
한세키호오칸(版籍奉還) ·········· 53, 56, 64
한시(藩士) ························ 44, 48
해리스(Townsend Harris) ············· 43
햐쿠쇼오잇키(百姓一揆) ················ 39
헤이덴(幣殿) ························· 25
호오묘오지(法明寺) ··············· 25, 26
호오죠오카타혼도오(方丈型本堂) ····· 14, 15
혼노오지(本能寺) ·················· 12, 19
혼덴(本殿) ··························· 25
혼마쯔(本末)제도 ············· 12, 13, 86
혼지스이쟈쿠세쯔(本地垂迹說) ······· 25, 74
홋카이도오(北海道) ················ 43, 62
효오고(兵庫) ········ 43, 41, 44, 54, 58, 63
후도오묘오오오(不動明王) ··········· 24, 29
후레가시라(觸頭) ····················· 13
후지와라세이카(藤原惺窩) ············· 28
후지진쟈(富士神社) ··················· 85
후지타유우코쿠(藤田幽谷) ············· 52
후지타토오코(藤田東湖) ··············· 52
후쿠하라에찌고(福原越後) ············· 49
히닌(非人) ··························· 64
히라타아쯔타네(平田篤胤) ········ 51, 52, 74

INTRODUCTION

Society and Culture of Modern Japan

In this book, the society and culture of modern Japan in the 19th century consisting of the Edo period under the military regime and the Meiji period under the royal regime were analyzed.

From the analyses, it was possible to know that, in the Edo period, Japanese Buddhist circles under the control of Edo-Bakuhu (江戸幕府, i.e. central government at that time) thrived owing to the Tanka system (檀家制度, i.e. a social system that all Japanese have to join one of the Buddhist temples as a believer without exception according to the policy of antichristianism of the then government) and the privilege of exclusive execution authority for funeral ceremony. Buddhist temples were located in the village, and teramachi areas, where temples were assembled in a row, were built. In the precincts of a Buddhist temple, the graveyard for Tanka (檀家, i.e. a supporting member of a Buddhist temple) was settled. Also, there made an appearance of Hojokatahondo (方丈型本堂), a new type of main temple building, in the Edo area. But in the Meiji period, many Buddhist temples were demolished and monks had to return to secular life according to the Haibutsukishaku (廢佛毀釋; i.e. to obliterate Buddhism) policy by the new government adopting Shinto as national religion.

국립중앙도서관 출판시도서목록(CIP)

근대 일본 사회와 문화 = Society and Culture
of Modern Japan : 일본을 읽는 책
글·사진 김성도. -- 서울 : 고려, 2008
　p. ;　　cm

참고문헌과 색인 수록
ISBN 978-89-87936-22-2 03910 : ₩15,000

일본사[日本史]

913.05-KDC4
952.031-DDC21　　　　CIP2008003508